Dr. Jaerock Lee

Éberen imádkozzatok és vigyázzatok

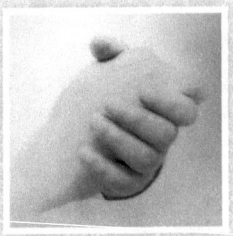

*Akkor méne a tanítványokhoz és aluva találá őket, és monda Péternek:
„Így nem birtatok vigyázni velem egy óráig sem!?
Vigyázzatok és imádkozzatok, hogy kísértetbe ne essetek;
mert jóllehet a lélek kész, de a test erőtelen."*
(Máté 26,40-41)

Éberen imádkozzatok és vigyázzatok, Szerző: Dr. Jaerock Lee
Kiadja az Urim Books (Képviselő: Kyungtae Noh)
73, Yeouidaebang-ro 22-gil, Dongjak-gu, Szöul, Korea
www.urimbooks.com

Ez a könyv vagy annak részei nem reprodukálható semmilyen formában, nem tárolható előhívható rendszerben, nem sokszorosítható semmilyen formában vagy eszköz által, elektronikus, mechanikai vagy fénymásolt, rögzített vagy más formában, a kiadó előzőleges írásos beleegyezése nélkül

Hacsak másként nem jelöltük, az összes bibliai idézet a Károli Szent Bibliából származik. Engedéllyel felhasználva.

Szerzői jog Copyright © 2017 Dr. Jaerock Lee
ISBN: 979-11-263-0223-9 03230
Fordítási jog Copyright © 2013 Dr. Esther K. Chung. Engedéllyel felhasználva.

Korábban koreai nyelven kiadva az Urim Books által 1992-ben

Első kiadás 2017 március

Szerkesztő: Dr. Geumsun Vin
Szerkesztette az Urim Books Kiadói Hivatala
Nyomtatva a Prione Printing
További információért lépjen kapcsolatba a következő címen:
urimbook@hotmail.com

Üzenet a kiadásról

Ahogy Isten azt parancsolja nekünk, hogy folyamatosan imádkozzunk, arról is tanácsot ad számos módon, hogy mily módon tegyük ezt, és közben állandóan figyelmeztet bennünket, hogy imádkozzunk, mert akkor nem esünk kísértésbe.

Ahogy a normális légzés nem egy nehéz feladat egy egészséges ember számára, egy spirituális értelemben egészséges ember természetesnek találja, és nem fáradságosnak, hogy Isten Szava szerint éljen, és szokásos módon, mindig imádkozzon. Ez azért van, mert amikor valaki imádkozik, egészséges lesz, és minden dolga jól fog működni, közben a lelke jól boldogul. Ebből kifolyólag az ima fontosságát nem lehet alábecsülni.

Egy ember, aki meghalt, nem lélegezhet az orrlyukán keresztül. Ugyanígy, ha valaki szelleme meghalt, nem tud spirituálisan lélegezni. Másképp szólva, az ember szelleme meghalt Ádám bűne miatt, de azok, akiknek a szelleme újjáéledt a Szentlélek által, soha nem hagyhatják abba az imát, amíg a szelleme él, ahogy mi sem hagyhatjuk abba a lélegzést.

Az új hívők, akik csak mostanában fogadták el a Jézus Krisztust, olyanok, mint a gyerekek. Nem tudják, hogyan imádkozzanak, és hajlamosak az imát egy nehézségnek megélni. Azonban ha nem hagynak fel azzal, hogy az Úr Szavában bízzanak, és szorgalmasan imádkoznak, a szellemük nőni fog, és megerősödik a buzgó imájuk által. Ezek az emberek rá fognak jönni, hogy nem élhetnek az ima nélkül, ahogy senki sem élhet lélegzés nélkül.

Az ima nem csak a spirituális lélegzésünk, hanem egy párbeszéd csatorna Istennel, amelyen az Ő gyermekei beszélhetnek Vele, és amelynek örökre nyitva kell maradnia. Az a tény, hogy sok modern családban a párbeszédnek vége a szülők és a gyermekek között, nem kevesebb, mint egy tragédia. A kölcsönös bizalom tönkrement, és a kapcsolatuk csupán formális. Azonban, semmi sincs, amit nem mondhatnánk el a mi Istenünknek.

A mi mindenható Istenünk gondoskodó Atya, aki ismer

bennünket, a legjobban, mindig a legnagyobb figyelemmel követ bennünket, és azt kívánja, hogy Vele beszéljünk, újra és újra. Ezért minden hívőnek az ima egy kulcs, amellyel a zárat kinyithatjuk és bezárhatjuk Isten szíve felé, és egy olyan fegyver, amely átmegy az időn és a téren. Nem láttunk, vagy hallottunk első kézből olyan keresztényekről, akik élete megváltozott, és a világtörténelem iránya megváltozott az ima erejétől?

Ahogy alázattal kérjük a Szentlelket az imánk közben, Isten megtölt bennünket a Szentlélekkel, és megengedi nekünk, hogy világosabban megértsük az Ő akaratát, és annak megfelelően éljünk, és lehetővé teszi a számunkra, hogy a gonosz szellemet leküzdjük, és győzedelmeskedjünk ebben a világban. Azonban, ha valakit nem a Szentlélek irányít, mivel nem imádkozik, jobban fog a saját elméjére és elméletére hagyatkozni, és a hamisságban fog élni, ami Isten akarata ellen való, aminek következtében nagyon nehezen üdvözül majd. Ezért a Biblia ezt mondja nekünk a Kolosszeiakhoz 4,2 „*Az imádságban állhatatosak legyetek, vigyázván abban hálaadással,"* és Máté 26,41-ben: *„Vigyázzatok és imádkozzatok, hogy kísértetbe ne essetek; mert jóllehet a lélek kész, de a test erőtelen."*

Az ok, amiért Isten egyszülött Fia, Jézus véghez tudta vinni a munkáit, Isten akaratával összhangban, az, hogy az ima hatalmát használta. Mielőtt elkezdte nyilvános szolgálatát, a mi Urunk Jézus 40 napig böjtölt, példát mutatva az imádságos életre azzal, hogy állandóan imádkozott, amikor csak lehette, még a három éves szolgálata alatt is.

Találunk sok olyan keresztényt, aki ismeri az ima fontosságát, de sokan nem kapnak Istentől válaszokat, mert nem tudják, hogyan kell imádkozni Isten akarata szerint. Én magma régóta hallok ilyen egyénekről, és a szívem megszakad emiatt, de nagyon boldog vagyok, hogy kiadhatok egy könyvet, húsz év szolgálata és első kézből szerzett tapasztalatai alapján.

Remélem, ez a kis könyv nagy segítség lesz abban, hogy minden olvasó találkozzon és megtapasztalja Istent, és erős ima mellett vezesse az életét. Minden olvasó legyen éber, és imádkozzon folyamatosan, hogy jó egészségnek örüljön, és minden jól történjen vele, a lelke boldoguljon, a mi Urunk nevében imádkozom!

Jaerock Lee

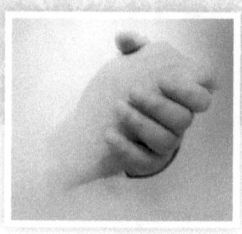

Tartalomjegyzék

Éberen imádkozzatok és vigyázzatok

Üzenet a kiadásról

Első fejezet
Kérj, keress és kopogj • 1

Második fejezet
Hidd, hogy megkaptad őket •19

Harmadik fejezet
Az ima, amely Isten kedvére való • 33

Negyedik fejezet
Hogy ne essetek kísértésbe • 55

Ötödik fejezet
Egy igazságos ember imája • 71

Hatodik fejezet
Az ima nagy ereje az egyetértésben • 83

Hetedik fejezet
Mindig imádkozz, és soha ne add fel • 99

Első fejezet

Kérj, keress és kopogj

„Kérjetek és adatik néktek;
keressetek és találtok;
zörgessetek és megnyittatik néktek.
Mert a ki kér, mind kap; és a ki keres, talál;
és a zörgetőnek megnyittatik.
Avagy ki az az ember közületek,
a ki, ha az ő fia kenyeret kér tőle, követ ád néki?
És ha halat kér, vajjon kígyót ád-e néki?
Ha azért ti gonosz létetekre tudtok
a ti fiaitoknak jó ajándékokat adni,
mennyivel inkább ád a ti mennyei
Atyátok jókat azoknak,
a kik kérnek tőle?"

Máté evangéliuma 7,7-11

1. Isten jó ajándékokat ad annak, aki kér

Isten nem akarja, hogy a gyerekei szegénységtől vagy betegségtől szenvedjenek, de arra vágyik, hogy minden dolog az életükben jól menjen. Azonban, ha csak ülnek ölbe tett kézzel, anélkül, hogy bármilyen erőfeszítést tennének, akkor nem aratnak semmit. Bár Isten megadhat nekünk mindent az univerzumban, mivel minden, ami az univerzumban létezik, az Övé, Ő azt akarja, hogy a gyerekei kérjenek, keressenek, és elérjék azt, amit akarnak, maguktól, ahogy tartja egy régi mondás: „Az ember a síró babát táplálja."

Ha van egy olyan személy, aki mindent meg szeretne kapni, miközben tétlenül áll, nem más, mint a virág, amit elültettek a kertben. Milyen csüggedtek lennének a szülők, ha a gyermekeik úgy viselkednének, mint helyhez kötött növények, és egész nap az ágyban lennének anélkül, hogy erőfeszítéseket tennének, hogy a saját életüket éljék? Az ilyen viselkedés olyan, mint egy lusta ember viselkedése, aki minden idejét arra vesztegeti, hogy várja: egy gyümölcs a fáról a szájába essen.

Isten azt akarja, hogy bölcs és kitartó gyermekeivé váljunk, akik lelkesen kérnek, keresnek és kopognak, így élvezik az áldást, és dicsőséget adnak Neki. Éppen ezért, azt parancsolja nekünk, hogy kérjünk, keressünk és kopogtassunk. Nincs szülő, aki a gyermekének követ ad, amikor a gyermek kenyeret kér. Nincs szülő, aki a gyermekének kígyót ad, ha a gyermek halat kér.

Akkor is, ha a szülő olyan rossz, azt akarja, hogy jó ajándékokat adni a gyerekeknek. Nem gondolod, hogy a mi Istenünk, - aki szeretett minket, hogy a mértéke, amely az ő egyszülött Fiát, hogy meghaljon a nevünkben – ad gyermekeinek jó ajándékokat, ha megkérdezik?

János 15,16-ban Jézus ezt mondja nekünk: *"Nem ti választottatok engem, hanem én választottalak titeket, és én rendeltelek titeket, hogy ti elmenjetek és gyümölcsöt teremjetek, és a ti gyümölcsötök megmaradjon; hogy akármit kértek az Atyától az én nevemben, megadja néktek."* Ez a Mindenható Isten ünnepélyes ígérete: ha lendülettel kérünk, keresünk és kopogunk, Ő kinyitja a mennyország kapuit, megáld minket, és még a szívünk vágyát is teljesíti.

Ezzel a bibliai idézettel, amelyre a jelen fejezet épül, tanuljuk meg, hogy kérjünk, keressünk és kopogjunk, és hogyan kapjunk meg mindent, amit kérünk Istentől, hogy nagy dicsőség legyen ez Neki, és nagy öröm nekünk.

2. Kérj, és megadatik

Isten mindenkinek ezt mondja: „Kérj, és megadatik," és azt kívánja, hogy mindenki áldott legyen, és mindent megkapjon, amit kér. Mit mond nekünk, mit kérjünk Tőle?

1) Isten erejét kérd, és azt, hogy megláthasd az Ő arcát

Isten, miután megalkotta a mennyet és a földet, és mindent, ami ezekben van, megteremtette az embert. Megáldotta őt, és azt mondta neki, hogy legyen áldott, és szaporodjon, töltse be a földet, és igázza le: uralkodjon a tenger halai és az ég madarai fölött, és minden élőlény fölött a földön. Miután az első ember, Ádám szembeszállt Isten szavával, elvesztette az isteni áldásokat, és elbújt Isten elől, amikor hallotta az Ő hangját (Genezis 3,8). Ráadásul az emberek, akik bűnösökké váltak, elidegenedtek Istentől, és a pusztulás útjára tértek, mivel az ellenséges ördög rabszolgái lettek.

Ezekért a bűnösökért küldte el a szeretet Istene az Ő Fiát, Jézus Krisztust, hogy a földön megmentse őket, és kinyitotta a megváltás kapuit a számukra. Ha valaki elfogadja Jézus Krisztust, mint személyes Megmentőjét, és hisz az Ő nevében, Isten az összes bűnét megbocsátja, és a Szentlélek ajándékát adja neki.

Továbbá, a Jézus Krisztusba vetett hit elvezet bennünket a megváltáshoz, és képessé tesz arra, hogy Isten erejét befogadjuk. Csak ha Isten megadja az Ő erejét nekünk, élhetünk sikeres vallásos életet. Más szavakkal, csak a fentről kapott kegyelemmel és erővel győzhetjük le a világot, és élhetünk Isten Szava szerint. Azért kell megkapnunk az Ő erejét, hogy az ördögöt legyőzhessük.

A 105,4 Zsoltár ezt mondja nekünk: „*Kívánjátok az Urat és*

az ő erejét; keressétek az ő orczáját szüntelen." Az Istenünk: *„VAGYOK, AKI VAGYOK"* (Exodus 3,14), A mennyek és a föld teremtője (Genezis 2,4), és a történelem, és minden egyéb kormányzója az univerzumban, a kezdetektől egész az idő végéig. Isten az Ige, és az Igével megteremtett mindent az univerzumban, ezért a Szava hatalom. Az ember szava mindig változik, ezért nincs hatalma alkotni, vagy dolgokat megtörténtté tenni. Az ember szavával ellentétben, amely mindig változik, és hamis, Isten Igéje élő és tele van hatalommal, és megvalósíthatja a teremtést.

Ezért, függetlenül attól, hogy mennyire vagyunk erőtlenek, ha meghalljuk Isten Szavát, amely él, és kételyek nélkül elhisszük, mi is képesek leszünk teremteni a semmiből valamit. A semmiből valamit csak Isten Szavába vetett hittel lehet teremteni. Ezért Jézus kijelentette mindazoknak, aki elé jöttek: *„Eredj el, és legyen néked a te hited szerint"* (Máté 8,13). Összességében Isten erejét kérni azt jelenti, hogy arra kérjük: adjon nekünk hitet.

Mit jelen az, hogy „keressétek az ő orczáját szüntelen?" Ahogy nem mondhatjuk, hogy „ismerünk" valakit, ha nem láttuk az arcát, úgy „az ő orcáját keresni" azt jelenti, hogy erőt fejtünk ki akkor, amikor kiderítjük: „ki Isten." Azt jelenti, hogy azok, akik korábban elkerülték, hogy Istent meghallják, és az Arcát meglássák, kinyitják a szívüket, keresik és megértik Istent, és megpróbálják a Hangját meghallani. Egy bűnös nem képes a fejét felemelni, ezért megpróbál elfordulni másoktól. Azonban, ha megbocsátanak neki, fel tudja emelni az arcát, és szembe tud nézni másokkal.

Ugyanígy, minden ember bűnös lett az Istennel szembeni engedetlenség miatt, de ha valaki megbocsátást nyer azzal, hogy elfogadja Jézus Krisztust, és a Szentlélek által Isten gyermekévé válik, meglátja, hogy Isten Maga a Fény, mert az igazságos Isten igaz embernek nyilvánítja őt.

A legfontosabb ok, amiért Isten ara kéri az embereket, hogy „kérjék, hogy megláthassák Isten arcát" az, hogy mindenikük – a bűnösök – megbéküljön Istennel, és a Szentlélek megszállja, mert kitartóan kérte, hogy megláthassa Isten arcát, és az Ő gyereke legyen, aki szemtől szemben találkozhat Vele. Amikor valaki Isten, a Teremtő gyereke lesz, a mennyország és az örök élet és boldogság jár neki, aminél nincs nagyobb áldás.

2) Kérd azt, hogy Isten királyságát és igazságát megvalósíthasd

Egy olyan ember, akit megszállt már a Szentlélek, és Isten gyermekévé vált, képes új életet élni, mivel újjászületett a Szentlélekben. Isten, aki egyetlen lelket is értékesebbnek tart, mint a menny vagy a föld, arra kér bennünket, az Ő gyermekeit, hogy azt kérjük: valósíthassuk meg az Ő királyságát és igazságát, minden más előtt és fölött (Máté 6,33).

Jézus a következőket mondja a Máté 6,25-33-ben:

> *Azért azt mondom néktek: Ne aggodalmaskodjatok a ti éltetek felől, mit egyetek és mit igyatok; sem a ti testetek felől, mibe öltözködjetek. Avagy nem több-é az élet hogynem az eledel, és a test hogynem az öltözet? Tekintsetek az égi madarakra, hogy nem vetnek, nem aratnak, sem csűrbe nem takarnak; és a ti mennyei Atyátok eltartja azokat. Nem sokkal különbek vagytok-é azoknál? Kicsoda pedig az közületek, a ki aggodalmaskodásával megnövelheti termetét egy araszszal? Az öltözet felől is mit aggodalmaskodtok? Vegyétek eszetekbe a mező liliomait, mi módon növekednek: nem munkálkodnak, és nem fonnak; De mondom néktek, hogy Salamon minden dicsőségében sem öltözködött úgy, mint ezek közül egy. Ha pedig a mezőnek füvét, a mely ma van, és holnap kemenczébe vettetik, így ruházza az Isten; nem sokkal inkább-é titeket, ti kicsinyhitűek? Ne aggodalmaskodjatok tehát, és ne mondjátok: Mit együnk? vagy: Mit igyunk? vagy: Mivel ruházkodjunk? Mert mind ezeket a pogányok kérdezik. Mert jól tudja a ti mennyei Atyátok, hogy mind ezekre szükségetek van. Hanem keressétek először Istennek országát, és az ő igazságát; és ezek mind megadatnak néktek.*

Mit jelent, akkor „Isten királyságának a keresés?" És „az Ő igazságának a keresése?" Más szavakkal, mit kérjünk azért, hogy megvalósítottuk Isten királyságát és igazságát?

Az emberiség számára, amely az ördög rabszolgája lett, és a pusztulás a sorsa, Isten elküldte az egyetlen Fiát a földre, és megengedte, hogy Jézus meghaljon a kereszten. Jézus Krisztus által Isten visszaállította az elveszett tekintélyünket, és megengedte, hogy az üdvösség útjára térjünk. Minél jobban terjesztjük Jézus Krisztus hírét, aki meghalt és feltámadt értünk, annál jobban gyengítjük a Sátánt. Minél gyengébb lesz a Sátán, annál több lélek üdvözülhet. Minél több lélek jut el az üdvösséghez, annál kiterjedtebb lesz Isten királysága. „Isten királyságát keresni" azt jelenti, hogy a lelkek megmentésének munkájáért imádkozunk, vagy a világmisszióért, hogy minden ember Isten gyermekévé válhasson.

Sötétségben éltünk, bűnben és gonoszságban, de Jézus Krisztus által felhatalmaztak bennünket, hogy Isten elé járulhassunk, aki Maga a Fény. Mivel Isten a jóságban lakik, és a fényben, bűnben és gonoszságban nem jöhetnénk Elé, és nem válhatnánk az Ő gyermekeivé.

Ezért, „Isten igazságát keresni" azt jelenti, hogy imádkozunk azért, hogy a halott szellemünk feléledjen, a lelkünk virágozzon, és igazságosak legyünk, mivel Isten igazsága szerint élünk. Meg kell kérnünk Istent, hogy engedje, hogy halljunk, és legyünk kellően felvilágosultak ahhoz, hogy a bűnből és sötétségből kijöjjünk, és a fényben éljünk, és szentté váljunk azzal, hogy Isten szentségére hasonlítunk.

A Szentlélek vágya alapján, ha a test vágyaitól megszabadulunk, és szentesülünk az igazság által, mert az igazságban élünk, ez jelenti azt, hogy Isten igazságát megvalósítottuk. Sőt, amikor azt kérjük, hogy Isten igazságát megvalósíthassuk, jó egészségnek fogunk örülni, és minden dolgunk jól fog működni, miközben a lelkünk virágzik majd (3 János 1,2). Ezért Isten azt parancsolja nekünk, hogy először valósítsuk meg Isten királyságát, valamint az Ő igazságát, és megígéri, hogy bármi mást kérünk, az is mind teljesülni fog.

3) Kérd azt, hogy az Ő munkása legyél, és végezd el az Isten-adta kötelességeidet

Ha azt kéred, hogy Isten királyságát és igazságát megvalósíthasd, utána azért kell imádkoznod, hogy az Ő munkása lehess. Ha az Ő munkása vagy, komolyan azért kell imádkoznod, hogy az Isten-adta feladataidat teljesíteni tudd. Isten megdicséri azokat, akik komolyan keresik Őt (Zsidók 11,6) és mindenkinek juttat a jutalmaiból, annak megfelelően, hogy mit tett (Jelenések 22,12).

A Jelenések 2,10-ben Jézus ezt mondja nekünk: *„Légy hív mind halálig, és néked adom az életnek koronáját."* Még ebben az életben is, ha szorgalmasan tanulunk, lehet, hogy ösztöndíjakhoz jutunk, és bejutunk egy jó főiskolára. Ha valaki keményen dolgozik a munkáján, előléptetik, és jobb elbánásban lesz része, valamint a fizetése is nő.

Ugyanígy, ha Isten gyermekei hűséggel ellátják az Isten-adta feladataikat, akkor nagyobb feladatokat és nagyobb jutalmakat kapnak. Az evilági jutalmak nem hasonlíthatóak össze a mennyei királyság jutalmaival, a dicsőséget és méretet tekintve. Ezért nekünk mindannyiunknak buzgóknak kell lennünk a hitben, mindenkinek a saját helyzetében, és imádkoznunk kell, hogy Isten értékes munkásává válhassunk.

Ha valakinek még nincs Isten-adta feladata, imádkoznia kell, hogy Isten királyságának a munkása válhasson belőle. Ha valakinek van már ilyen feladata, azért kell imádkoznia, hogy jól teljesíthesse azt, és utána nagyobb feladatot kaphasson. Egy laikus embernek azért kell imádkoznia, hogy diakónus lehessen, míg a diakónusnak azért, hogy plébános lehessen belőle. Egy cellavezető azért, hogy alkerület-vezető lehessen, míg egy alkerület-vezető azért imádkozzon, hogy kerületi vezető válhasson belőle, majd még magasabb vezető.

Ez nem jelenti azt, hogy a címért kell imádkozni. Azt jelenti, hogy kívánni kell, hogy hűségesek maradjunk a feladatainkhoz, a legnagyobb erőfeszítést kell kifejtenünk az érdekükben, és szolgálnunk kell, hogy Isten még nagyobb feladatokkal bízzon meg bennünket.

A legfontosabb dolog egy ember számára, akinek Isten-adta

feladatai vannak, az a hűség, amellyel képes még nagyobb feladatokat ellátni, mint amilyenek korábban vannak az életében. Ezért, imádkozni kell, hogy Isten megdicsérhesse: „Jó munka volt, jó és hűséges szolgám!"

Az 1 Korinthusiakhoz 4,2 ezt mondja nekünk: „*A mi pedig egyébiránt a sáfárokban megkívántatik, az, hogy mindenik hívnek találtassék.*" Ezért, mindannyiunknak azért kell imádkozni, hogy a templomunkban Isten hűséges szolgái lehessünk, Krisztus teste a különböző helyzetünkben.

4) Kérd a mindennapi kenyerünket

Annak érdekében, hogy az embert megmentse a szegénységtől, Jézus szegénységbe született. Azért, hogy minden betegséget és gyengélkedést meggyógyítson, Jézust megostorozták, és a vére kifolyt. Természetes Isten gyermekei számára, hogy bőséges és egészséget éljenek, és minden dolguk jól menjen az életben.

Amikor először kérjük, hogy Isten királyságát és igazságát megvalósíthassuk, azt mondja nekünk, hogy mindez megadatik majd nekünk (Máté 6,33). Más szavakkal, miután kértük, hogy Isten királyságát és igazságát megvalósíthassuk, azokért a dolgokért kell imádkoznunk, amelyek szükségesek a világi élethez, mint a ruházat, lakás, étel, munka, munkahelyi áldások, a családunk jóléte, és hasonlóak. Isten megtölt bennünket, ahogy ígérte. Vésd észbe, hogy ha ilyen dolgokat kérünk, a kéjes vágyaink miatt, és nem az Ő dicsőségéért, Isten nem fogja megválaszolni az imánkat. A bűnös vágyak imájának semmi köze Istenhez.

3. Keress, és találsz

Ha „keresel," azt jelenti, valamit elvesztettél. Isten azt akarja, hogy újra birtokoljuk azt a „valamit," amink elveszett. Mivel Ő azt parancsolja nekünk, hogy keressünk, először meg kell tudnunk: mit vesztettünk el, hogy ezt a „valamit," amit elvesztettünk, újra megtalálhassuk. Azt is ki kell találnunk: hogyan találhatjuk meg.

Akkor, mit hagytunk el, és hogyan „kereshetjük" meg?

Az első személy, akit Isten megteremtett, szellemből, lélekből és testből állt. Mint élőlény, aki képes volt kommunikálni Istennel, aki a Szellem, az első ember az összes áldást élvezte, amit Isten adott neki, és a Szava szerint élt.

Azonban, miután a Sátán megkísértette, az első ember ellenszegült Isten akaratának. A Genezis 2,16-17-ben ezt találjuk: „*És parancsola az Úr Isten az embernek, mondván: 'A kert minden fájáról bátran egyél. De a jó és gonosz tudásának fájáról, arról ne egyél; mert a mely napon ejéndel arról, bizony meghalsz.'*"

Bár az ember feladata az, hogy Istent félje, és a parancsolatait megtartsa (Prédikátorok 12,13), az első teremtett ember nem tartotta meg Isten szavát. Végül, ahogy előre Isten szólt neki erről, miután evett a jó és a rossz tudásának a fájáról, a szelleme meghalt, és lelki emberré vált, aki nem képes többé kommunikálni Istennel. Ráadásul, az összes leszármazottjának a szelleme is meghalt, és húsbeli emberekké váltak, akik többé nem képesek a teljes feladatukat teljesíteni. Ádámot kivezették az Édenkertből, az elátkozott földre. Ő, és mindenki más, aki utána jött, szomorúságban, szenvedésben és betegségben kellett hogy éljen, és csak az iga által, kemény munkával tudtak enni. Sőt, tovább nem tudtak oly módon élni, ami méltó lett volna Isten teremtményéhez, hanem – mivel olyan értelmetlen dolgokat követtek, amelyeket a saját gondolkodásuk diktált nekik – korrupttá váltak.

Annak érdekében, hogy egy egyén, akinek a szelleme meghalt, és csak a lelke meg a teste él, megint oly módon élhessen, amely méltó Isten céljaihoz, vissza kell nyernie az elveszett szellemét. Csak ha a halott szellem feléled egy emberben, lehet szellemi ember, és kommunikálhat Istennel, aki Szellem, és lehet képes úgy élni, mint egy igaz ember. Ezért Isten azt parancsolja, hogy keressük az elveszett szellemünket.

Isten minden embernek megnyitott egy ösvényt, hogy a halott szellemüket feléleszzék, és az az ösvény Jézus Krisztus. Ha hiszünk Jézus Krisztusban, ahogy Isten megparancsolta nekünk, a

Szentlélek megszáll bennünket, és bennünk lakozik, és visszahozza az életbe a halott szellemünket. Ha Isten arcát keressük, és Jézus Krisztust fogadjuk, miután meghallottuk, hogy a szívünk ajtaján kopogott, a Szentlélek eljön, és megszüli a szellemet (János 3,6). Ahogy engedelmeskedünk a Szentléleknek, a testi dolgainkat eldobjuk, buzgón meghallgatjuk, befogadjuk Isten szavát, és kenyeret készítünk belőle, az Ő segítségével képesek leszünk a Szava szerint élni. Ez a folyamat, amelyben a halott szellem feléled, és szellemi emberek leszünk, valamint Isten elveszett képét visszaszerezzük.

Amikor el akarjuk fogyasztani a tojássárga nagyon tápláló sárgáját, először fel kell törnünk a tojás héját, és külön kell választanunk a fehérjét a sárgájától. Ugyanígy, annak érdekében, hogy egy egyén szellemi emberré váljon, a testi dolgait le kell hogy vetkőzze, és a Szentlélek segítségével meg kell hogy szülje a szellemet. Ez a „keresés," amelyről Isten beszélt.

Tegyük fel, hogy a világ teljes elektronikai hálózata lerobban. Egy szakértő egyedül nem lenne képes a rendszert visszaállítani. Hosszú időre lenne szüksége a szakértőnek, hogy villanyszerelőket vigyen ki, és a megfelelő alkatrészeket biztosítsa, hogy a megfelelő elektromosság meglegyen az egész világon.

Hasonlóképpen, annak érdekében, hogy a halott szellemet felélesszük, és teljes szellemű emberekké váljunk, meg kell hallanunk Isten Szavát. Azonban, mivel az Ige megismerése önmagában nem elég, hogy szellemi emberekké váljunk, szorgalmasan magunkévá kell tennünk, kenyeret kell készítenünk belőle, és imádkoznunk kell az Isten Szavával, hogy ennek megfelelően élhessünk.

4. Kopogj, és az ajtó kinyílik előtted

„Az ajtó," amelyről Isten beszél, az ígéret ajtaja, amit akkor nyitnak ki, amikor kopogunk rajta. Milyen ajtón mondta Isten, hogy kopognunk kell? Ez az ajtó Isten szívének ajtaja. Mielőtt kopognánk Isten szívének ajtaján, először Ő kopog ami szívünk ajtaján (Jelenések 3,20). Ennek eredményeként elfogadjuk Jézus Krisztust. Ez után a mi feladatunk, hogy az Ő szívének ajtaján kopogtassunk. Mivel Isten szíve szélesebb, mint a mennyország, és mélyebb, mint az óceán, amikor kopogunk az Ő mérhetetlenül nagy szívén, bármit megkaphatunk.

Amint imádkozunk, és Isten szívének ajtaján kopogunk, Ő kinyitja a mennyek kapuit, és kincset enged ránk. Amikor Isten – aki kinyit úgy, hogy senki sem csukja be, és becsuk úgy, hogy senki nem nyitja ki – kinyitja a mennyek kapuját, és megfogadja, hogy megáld bennünket, senki nem állhat az Ő útjába, és az áldás áradásába (Jelenések 3,7).

Isten válaszait megkaphatjuk, ha kopogtatunk az Ő szívének ajtaján. Azonban, attól függően, hogy mennyit kopog valaki ezen az ajtón, nagy vagy kis áldás szállhat rá. Ha nagy áldást szeretne, a mennyek kapui tágra kell hogy nyíljanak. Isten szívének kapuján kell hogy kopogjon, egyre jobban és szorgalmasabb, és az Ő kedvére kell hogy tegyen.

Mivel Istennek tetszik, ha a gonoszságtól megszabadulunk, és az Ő parancsolatai szerint élünk, az igazságban, ha Isten Szava szerint élünk, bármit megkaphatunk, amit kérünk. Más szavakkal, „Isten szívének ajtaján kopogni" azt jelenti, hogy az Ő parancsolatai szerint élünk.

Amikor buzgón kopogtatunk az Ő szívének ajtaján, Isten soha nem fog megszidni minket, mondván: „Miért kopogsz olyan hangosan?" Éppen ellenkezőleg. Isten annál jobban el lesz ragadtatva, és meg fogja adni, amit kérünk. Ezért, remélem, a cselekedeteiddel kopogtatsz majd Isten szívének ajtaján, mindent megkapsz, amit kérsz, és ily módon nagyban dicsőíted Istent.

Fogtál már csúzlival madarat? Emlékszem egyszer az apám egyik barátja megdicsért azért, mert jó voltam a csúzli készítésben. A csúzli olyan eszköz, amelyet gondosan ki kell faragni először egy fából Y alakúra, majd egy gumival ki kell lőni vele egy követ.

Ha össze akarnám hasonlítani a Máté 7,7-11-et a csúzlival, a „kérés" ugyanaz, mint egy csúzli és egy kő találása, amellyel egy madarat megfogunk. Jó képességgel kell rendelkeznünk, hogy a madarat lelőhessük. Mire lenne jó egy csúzli és egy kő, ha nem tudnánk, hogyan kell lőni vele? Lehet, hogy céltáblán kellene először gyakorolnunk, megszokva a csúzlit, gyakorolva a célba lövést, és meghatározva a legjobb módját a madár lelövésének. Ez a folyamat ugyanaz, mint a „keresés." Azzal, hogy olvassuk, magunkévá tesszük, és kenyeret készítünk Isten szavából, Isten gyermekeként megszerezzük azokat a tulajdonságokat, amelyekkel megkaphatjuk az Ő válaszait.

Ha már elsajátítottad a csúzlival való bánásmódot, és jól tudsz vele lőni, akkor most már lőhetsz is, ez pedig a „kopogtatásnak" felel meg. Még ha elő is készítesz egy csúzlit és egy követ, és ha fel is vértezted magad azokkal a képességekkel, amelyekkel lőni tudsz, ha nem lősz, nem tudod elkapni a madarat. Más szavakkal, csak ha Isten szava szerint élünk, amelyből a szívünkben kenyeret készítettünk, csak ekkor kaphatjuk meg, amit kértünk Tőle.

Kérni, keresni és kopogtatni nem különálló folyamatok, hanem egybefonódottak. Most tudod, hogy mit kell kérned, keresned, és mire kell kopognod. Azt kívánom, hogy nagyban dicsőítsd Istent, mint az Ő áldott gyereke, és közben kapj választ a szíved kívánságaira, úgy, hogy szorgalmasan és buzgón kérsz, keresel, kopogsz, a mi Urunk nevében kívánom!

Második fejezet

Hidd, hogy megkaptad őket

Mert bizony mondom néktek,
ha valaki azt mondja ennek a hegynek:
Kelj fel és ugorjál a tengerbe! és szívében nem kételkedik,
hanem hiszi, hogy a mit mond, megtörténik,
meg lesz néki, a mit mondott. Azért mondom néktek:
A mit könyörgéstekben kértek, higyjétek,
hogy mindazt megnyeritek,
és meglészen néktek.

Márk 11,23-24

1. A hit nagy hatalma

Egy napon Jézus tanítványai, akik követték Őt, meghallották, amit a tanítómesterük ezt mondja egy gyümölcstelen fügefának: *"Nem teremsz többé gyümölcsöt!"* (Máté 21,19) Amikor azt látták, hogy a fa a gyökeréig elfonnyadt, a tanítványok csodálkozva kérdezősködtek Jézustól. Válaszként ezt válaszolta nekik: *"Jézus pedig felelvén, monda nékik: Bizony mondom néktek, ha van hitetek és nem kételkedtek, nemcsak azt cselekszitek, a mi e fügefán esett, hanem ha azt mondjátok e hegynek: Kelj fel és zuhanj a tengerbe, az is megtészen"* (Máté 21,21).

Jézus ezt is megígérte nekünk: *"Bizony, bizony mondom néktek: A ki hisz én bennem, az is cselekszi majd azokat a cselekedeteket, a melyeket én cselekeszem; és nagyobbakat is cselekszik azoknál; mert én az én Atyámhoz megyek. És akármit kértek majd az én nevemben, megcselekszem azt, hogy dicsőíttessék az Atya a Fiúban. Ha valamit kértek az én nevemben, én megcselekszem azt"* (János 14,12-14), és *"Ha én bennem maradtok, és az én beszédeim bennetek maradnak, kérjetek, a mit csak akartok, és meglesz az néktek. Abban dicsőíttetik meg az én Atyám, hogy sok gyümölcsöt teremjetek; és legyetek nékem tanítványaim"* (János 15,7-8).

Röviden, mivel Isten a Teremtő az Atya, azok, akik elfogadták Jézus Krisztust, szíve kívánsága teljesül, mivel hisznek

Istenben, és engedelmeskedtek az Ő szavának. A Máté 17,20-ban Jézus ezt mondja nekünk: *"Jézus pedig monda nékik: A ti hitetlenségetek miatt. Mert bizony mondom néktek: Ha akkora hitetek volna, mint a mustármag, azt mondanátok ennek a hegynek: Menj innen amoda, és elmenne; és semmi sem volna lehetetlen néktek."* Akkor miért van, hogy oly sokan várják hiába Isten válaszait, és nem dicsőítik Istent, annak ellenére, hogy órákon át imádkoznak? Nézzük meg, hogyan dicsőíthetjük Istent, miközben mindent megkapunk, amit kérünk istentől.

2. Higgy a Mindenható Istenben

Azért, hogy egy ember a születése pillanatától fenntarthassa az életét, olyan dolgokra van szükség, mint étel, ruházat, lakóhely, és a többi. Azonban a legszükségesebb elem a levegő az élet fenntartásához, mivel az életet ez teszi lehetővé, és az életet érdemessé. Míg Isten azon gyermekeinek, akik elfogadták Jézus Krisztust – ezzel újjászületve – szintén szükségük van ezekre a dolgokra az életben, a leginkább az imára van szükségük.

Az ima az a csatorna, amellyel párbeszédet folytathatunk Istennel, aki a Szellem, és a szellemünk is lélegezhet általa. Továbbá, mivel az ima arra is egy eszköz, hogy Istent kérdezzük, és az Ő válaszait megkapjuk, az imában a legfontosabb dolog a szív, amellyel hiszünk a Mindenható Istenben. Attól függően, hogy mekkora a hitünk Istenben, ahogy imádkozunk, Isten válaszainak a bizonyosságát meg fogjuk érezni, és a hitünk mértékének megfelelő választ fogunk kapni.

Ki ez az Isten, akibe a hitünket helyezzük? Amikor leírja Magát a Jelenések 1,8-ban, Isten ezt mondja: *„Én vagyok az Alfa és az Omega, kezdet és vég, ezt mondja az Úr, a ki van és a ki vala és a ki eljövendő, a Mindenható."* Isten, akit az Ótestamentumban látunk, a Teremtő, minden teremtője az univerzumban (Genezis 1,1-31), aki kettéválasztotta a Vörös tengert, aztán megengedte az izraelitáknak – akik elhagyták Egyiptomot – hogy átmenjenek rajta (Exodus 14,21-29). Amikor az izraeliták engedelmeskedtek Isten akaratának, és Jerikó városát körüljárták hét nap alatt, hangosan felkiáltottak, mire a látszólag lebonthatatlan fal Jerikó körül összedőlt (Józsué 6,1-21). Amikor Józsué imádkozott Istenhez, az Amoritokkal vívott csata kellős közepén, Isten megállította a napot, valamint a holdat is (Józsué 10,12-14).

Az Újtestamentumban Jézus, a Mindenható Isten fia, feltámasztotta a holtakat a sírból (János 11,17-44), minden betegséget meggyógyított (János 9,6-11), és a bénákat felállította, hogy járjanak (Cselekedetek 3,1-10). Az ellenséges ördög erejét elvette, és a gonosz szellemekét is a Szavával (Márk 5,1-20), és öt kenyérből és két halból ötezer embernek adott ételt, hogy megelégedjenek (Márk 6,34-44). Továbbá, azzal, hogy a szelet és a hullámokat lecsillapította, megmutatta első kézből, hogy Ő a

Kormányzója minden dolognak az univerzumban (Márk 4,35- 39).

Ezért, hinnünk kell a Mindenható Istenben, aki – a bőséges szeretetében – jó ajándékokat ad nekünk. Jézus ezt mondja nekünk Máté 7,9-11-ben: *"Avagy ki az az ember közületek, a ki, ha az ő fia kenyeret kér tőle, követ ád néki? És ha halat kér, vajjon kígyót ád-e néki? Ha azért ti gonosz lételekre tudtok a ti fiaitoknak jó ajándékokat adni, mennyivel inkább ád a ti mennyei Atyátok jókat azoknak, a kik kérnek tőle?!"* A szeretet Istene a legjobb ajándékokat akarja adni nekünk, gyerekeknek.

A túláradó szeretetében Isten nekünk adta az egyetlen Fiát. Mit nem adna Ő nekünk? Ézsaiás 53,5-6 ezt mondja nekünk: *"És ő megsebesíttetett bűneinkért, megrontatott a mi vétkeinkért, békességünknek büntetése rajta van, és az ő sebeivel gyógyulánk meg. Mindnyájan, mint juhok eltévelyedtünk, kiki az ő útára tértünk; de az Úr mindnyájunk vétkét ő reá veté."* Jézus Krisztus által Isten által életet kaptunk a halálból, és élvezhetjük a békét, valamint meggyógyulhatunk.

Ha Isten gyermekei szolgálják a mindenható és élő Istent, mint Atyjukat, és elhiszik, hogy Isten azon dolgozik, hogy minden együtt működjön, a nagyobb jó érdekében, azok számára, akik szeretik Őt, nem szabad aggódniuk vagy kételkedniük a kísértés és nehézség idején, hanem ehelyett hálálkodjanak. Örüljenek és imádkozzanak.

Ezt jelenti az, hogy „hisznek Istenben," és Isten örül ennek, mert látja a hitüket. Isten a hitünk szerint válaszol nekünk, és úgy, hogy bizonyítékot mutat az Ő létezésére, és megengedi, hogy dicsőítsük Őt.

3. Hittel kérdezz, és ne kételkedj

Isten, a mennyek, a föld és az emberiség Alkotója, megengedte, hogy az ember lejegyezze a Bibliát, hogy az Ő akarata és gondviselése mindenki számára ismert legyen. Isten minden időben megmutatja Magát azoknak, akik engedelmeskednek az Ő szavának, és bebizonyítja nekünk, hogy Ő él és Mindenható, a csodás jelek és megnyilatkozások által. Ha a teremtésre nézünk, már hihetünk az élő Istenben (Rómaiak 1,20), és dicsőíthetjük Istent úgy, hogy válaszokat kapunk Tőle, amikor hittel elmondjuk az imánkat.

Létezik „testi, húsbeli hit," amellyel hihetünk, mert a tudásunk vagy igazságunk kongruens Isten Szavával, és a „spirituális hittel," az a hit, amellyel megkaphatjuk az Ő válaszait. Míg Isten Szava valószínűtlennek hangzik, ha az emberi tudásunkkal vagy gondolatunkkal vetjük össze, ha hittel kérdezünk Tőle, Isten biztonságot és értelmet ad nekünk. Ezek az elemek egyetlen válasszá kristályosodnak, és ez a spirituális hit.

Ezért, Jakab 1,6-8 ezt mondja nekünk: *„De kérje hittel,*

semmit sem kételkedvén: mert a ki kételkedik, hasonlatos a tenger habjához, a melyet a szél hajt és ide s tova hány. Mert ne vélje az ilyen ember, hogy kaphat valamit az Úrtól; A kétszívű, a minden útjában állhatatlan ember."

A kétkedés az ember tudásából, gondolataiból, érveléséből és pretencióiból származik, és az ellenséges ördög hozza ránk. Egy kétkedő szív kétszínű és ravasz, és Isten a leginkább megveti. Milyen tragikus lenne, ha a gyerekeid nem tudnának hinni neked, hanem inkább kételkednének abban, hogy te vagy a biológiai apjuk vagy anyjuk? Ugyanígy, hogyan válaszolhat Isten az Ő gyerekei imájára, ha nem képesek elhinni, hogy Ő az Atyjuk, bár Általa születtek, és Ő táplálta őket?

Ezért erre emlékeztetnek minket: *"Mert a test gondolata ellenségeskedés Isten ellen; minthogy az Isten törvényének nem engedelmeskedik, mert nem is teheti. A kik pedig testben vannak, nem lehetnek kedvesek Isten előtt"* (Rómaiak 8,7-8), és arra sürgetnek, hogy: *"Lerontván okoskodásokat és minden magaslatot, a mely Isten ismerete ellen emeltetett, és foglyul ejtvén minden gondolatot, hogy engedelmeskedjék a Krisztusnak"* (2 Korinthusiakhoz 10,5).

Ha a hitünk spirituális hitté alakul, és még egy kis mértékben sem kételkedünk, Isten teljesen elégedett lesz, és mindent megad nekünk, amit kérünk. Amikor Mózes és Józsué kétely nélkül, hittel cselekedett, képesek voltak a Vörös tengert kettéválasztani, átmenni a Vörös tengeren, és lerombolni Jerikó falait. Ugyanígy, ha ezt mondjuk egy hegynek: „Emelkedj fel, és omolj a tengerbe," és a szívünkben nem kételkedünk, hanem elhisszük, hogy amit mondunk, beteljesedik, meg fog történni.

Tegyük fel, hogy ezt mondod az Everestnek: „Menj, és dobd be magad az Indiai óceánba." Megkapnád a választ az imádra? Egyértelmű, hogy globális káosz tör ki, ha az Everest valóban beleesne az Indiai Óceánba. Mivel ez nem lehet, és nem is Isten akarata, egy ilyen ima nem kap választ, függetlenül attól, hogy mennyit imádkoznak, mert Isten nem fog spirituális hitet adni, amellyel hihetsz Benne.

Ha valami olyanért imádkozol, ami Isten akarata ellen van, az a hit, amellyel a szívedben hihetsz, nem fog elérni. Lehet, hogy először azt hiszed, hogy az imád válaszra talál, de ahogy telik az idő, a kételyeid nőni fognak. Csak ha Isten akarata szerint kérünk és imádkozunk, és egy kis kétely sincs a szívünkben, csak ekkor kaphatjuk meg az Ő válaszait. Ezért, ha az imádra még nem jött válasz, rá kell jönnöd, hogy azért van, mert olyant kértél, ami Isten akarata ellen van, vagy mert hibáztál, mert kételkedtél az Ő szavában.

1 János 3,21-22 erre emlékeztet: *"Szeretteim, ha szívünk nem vádol minket, bizodalmunk van az Istenhez; És akármit kérjünk, megnyerjük tőle, mert megtartjuk az ő parancsolatait, és azokat cselekeszszük, a mik kedvesek előtte."*

Azok az emberek, akik engedelmeskednek Isten akaratának,

és azt teszik, ami tetszik Neki, nem kérnek olyan dolgokat, amelyek Isten akarata ellen valók. Bármit megkaphatunk, feltéve, hogy az imánk az Ő akaratának megfelelő. Isten ezt mondja nekünk: *"A mit könyörgéstekben kértek, higyjétek, hogy mindazt megnyeritek, és meglészen néktek"* (Márk 11,24).

Ezért, annak érdekében, hogy Isten válaszait megkapjuk, először meg kell kapnunk Tőle a spirituális hitet, amit akkor ad meg nekünk Ő, ha az Ő szava szerint élünk és cselekszünk. Ha minden érvet és spekulációt félreteszel, amelyet Isten ellen emelsz fel, a kételyek eltűnnek, és spirituális hited lesz, amellyel bármit megkaphatsz, amit kérsz.

4. Mindent, amiért imádkozol, és amit kérsz, tekints úgy, mint amit már megkaptál

A Számok 23,19 erre emlékeztet bennünket: *"Nem ember az Isten, hogy hazudjék és nem embernek fia, hogy megváltozzék. Mond-é ő valamit, hogy meg ne tenné? Igér-é valamit, hogy azt ne teljesítené?"*

Ha valóban hiszel Istenben, hittel kérj Tőle, és egyáltalán ne kételkedj, és hidd el, hogy mindent megkaptál, amit kértél. Isten Mindenható és hűséges, és megígéri, hogy választ ad nekünk.

Akkor miért mondja oly sok ember, hogy nem kaptak választ

Tőle, annak ellenére, hogy hittel imádkoztak? Azért van ez, mert Isten nem válaszolta meg az imájukat? Nem. Isten biztosan válaszolt nekik, de időbe kerül, mivel nem készítették fel magukat, mint edények, amelyek méltók az Ő válaszainak a tárolására. Amikor egy farmer magot vet el, azt hiszi, hogy gyümölcsöt fog szüretelni, azonban ez nem azonnal történik. Miután a magokat elvetette, ezek kikelnek, kivirágoznak, majd gyümölcsöt hoznak. Vannak magok, amelyek hosszabb idő alatt gyümölcsöznek, mint mások. Hasonlóan, Isten válaszainak a megkapása vetési és gondozási folyamatot igényel.

Tegyük fel, hogy egy diák ezt imádkozza: „Engedd meg, hogy bekerüljek a Harvard University-re, és itt tanulhassak." Ha hittel imádkozott, az Ő erejével, Isten valószínűleg meg fogja hallgatni az imáját. Azonban, a válasz az imájára lehet, hogy nem egyből fog megérkezni. Isten előkészíti a diákot, hogy olyan edénnyé váljon, aki méltó az Ő válaszaira, és egy későbbi időpontban megválaszolja az imát. Isten megadja neki a szívet, hogy keményen és szorgalmasan tanuljon, hogy az iskolában kitűnhessen. Ha a diák tovább imádkozik, Isten minden világi gondolatot eltávolít az elméjéből, és bölcsességet ad neki, valamint felvilágosítja, hogy hatékonyabban tudjon tanulni. A diák cselekedeteinek megfelelően Isten minden ügyét kezelni fogja, hogy jól alakuljon, és olyan képességekkel ruházza fel a diákot, amelyekkel bejuthat a Harvard egyetemre, és amikor az idő eljön, Isten megengedi neki, hogy bejusson a Harvardra.

Ugyanez a szabály vonatkozik azokra az emberekre, akiket betegség sújt. Ahogy Isten szava által megtanulják, miért jönnek a betegségek, és hogyan lehet meggyógyítani őket, ha hittel imádkoznak, meggyógyulhatnak. Fel kell fedezniük a bűn falát, amely Isten és közöttük létezik, és a betegség okának legalapvetőbb rétegéig le kell hatolniuk. Ha a betegség gyűlölet miatt következett be, el kell dobniuk a gyűlöletet maguktól, és a szívüket a gyűlölettől el kell vezérelniük a szeretethez. Ha a betegséget a túlzott evés okozta, Isten meg kell hogy adja a hatalmat nekik, hogy önuralmuk lehessen, és a káros szokásukat leküzdjék. Csak ilyen folyamatok által ad Isten hitet az embereknek, amellyel hihetnek, és készítheti elő őket olyan edényként, amely fogadhatja az Ő válaszait.

Ha valaki az üzleti életben a gyarapodásért imádkozik, ugyanaz a helyzet, mint a fentiekben. Isten próbára tesz, hogy olyan edénnyé válj, amely érdemes az Ő áldásaira. Bölcsességet és hatalmat ad, ily módon a képességed, amellyel az üzletet vezeted, kimagasló lesz, és a céged egyre növekszik, valamint a helyzet, amelyben a céget látod majd, nagyon jó lesz. Megbízható egyéneket vezet eléd, a bevételedet fokozatosan növeli, és műveli a cégedet. Amikor az Általa kiválasztott idő eljön, úgy fog válaszolni, ahogy kérted.

Ezek által a vetési és gondozási folyamatok által, Isten elvezeti a lelkedet a virágzáshoz, és letesztel, hogy olyan edény legyél, amely méltó legyél megkapni bármit, amit kérsz Tőle. Ezért, soha nem szabad türelmetlenkedned, a saját gondolataid alapján.

Ehelyett Isten időkeretéhez kell igazítanod magad, megvárva az Ő idejét, és el kell hinned, hogy már megkaptad az Ő válaszát.

A mindenható Isten – a spirituális birodalom törvényei szerint – válaszol a Gyermekeinek, az Ő igazságának megfelelően, és örül, ha hittel kérik Őt. A Zsidók 11,6 emlékeztet bennünket: *"Hit nélkül pedig lehetetlen Istennek tetszeni; mert a ki Isten elé járul, hinnie kell, hogy ő létezik és megjutalmazza azokat, a kik őt keresik."*
Azt kívánom, járj Isten kedvében úgy, hogy olyan hited van, amellyel elhiszed, hogy Isten már válaszolt neked, megválaszolta az imáidat, és mindent megadott, amit ezekben kértél, valamint nagyban dicsőíted Őt azzal, hogy mindent megkapsz, amit kértél, az Úr nevében imádkozom ezért!

Harmadik fejezet

Az ima, amely Isten kedvére való

És kimenvén,
méne az ő szokása szerint az Olajfák hegyére;
követék pedig őt az ő tanítványai is.
És mikor ott a helyen vala, monda nékik:
Imádkozzatok, hogy kísértetbe ne essetek.
És ő eltávozék tőlök mintegy kőhajításnyira;
és térdre esvén, imádkozék, Mondván:
Atyám, ha akarod, távoztasd el tőlem e pohárt;
mindazáltal ne az én akaratom, hanem a tiéd legyen!
És angyal jelenék meg néki mennyből, erősítvén őt.
És haláltusában lévén, buzgóságosabban imádkozék;
és az ő verítéke olyan vala, mint a nagy vércseppek,
melyek a földre hullanak.

Lukács 22,39-44

1. Jézus a helyes ima példáját mutatja nekünk

Lukács 22,39-44 azt a képet festi elénk, amelyben Jézus imádkozott a Getsemáné előtt, mielőtt a keresztet magára vette volna a következő napon, amikor megnyitotta előttünk az üdvösség kapuját. Ezek a versek feltárják előttünk, milyen hozzáállásunk kell hogy legyen, amikor imádkozunk.

Hogyan imádkozott annakidején Jézus, hogy nem csak a nehéz keresztet bírta el, hanem az ellenséges ördögöt is legyőzte? Milyen volt Jézus szíve, amikor Istenhez imádkozott, hogy Istennek tetsző legyen ő, és aminek hatására Isten egy angyalt küldött a mennyországból, hogy megeredősítse Őt?

Ezen versek alapján nézzük meg, mi a helyes hozzáállás az imában, és melyik az a fajta ima, amely tetszik Istennek, és mindannyiatokat arra biztatlak, hogy vizsgáljátok meg a saját imaéleteteket.

1) Jézus szokása az ima volt

Isten azt mondta nekünk, hogy vég nélkül imádkozzunk (1 Thesszalonikaiak 5,17), és megígérte, hogy ad nekünk, ha Tőle kérünk (Máté 7,7). Bár rendben van, ha állandóan imádkozunk, és állandóan kérünk, a legtöbb ember csak akkor imádkozik, ha valamit akar, vagy gondja van.

Azonban Jézus eljött, és szokása szerint elment az Olíva hegyére (Lukács 22,39). Dániel próféta folytatta a térdén való térdelést naponta háromszor, imádkozva, és hálát adva Istennek, mint ahogy korábban is tette (Dániel 6,10), és Jézus tanítványai közül ketten, Péter és János bizonyos időt elkülönített a napból, hogy imádkozzon (Cselekedetek 3,1).

Követnünk kell Jézus példáját, és ki kell alakítanunk egy szokást, amely segítségével egy bizonyos időt elkülönítünk az állandó imára minden nap. Istennek különösen a hajnali ima tetszik, amely által mindent Istennek ajánlunk fel, minden nap elején, és az esti ima, amelynek során megköszönjük Istennek az egész napi védelmét. Ezek által az imák által megkaphatjuk az Ő nagy hatalmát.

2) Jézus letérdelt, hogy imádkozhasson

Ha letérdelsz, a szíved, amellyel imádkozol, egyenesen áll, és ezzel tiszteletet mutatsz az embereknek, akikkel beszélsz. Természetes, hogy ha Istenhez imádkozunk, akkor letérdelünk.

Jézus, Isten Fia, alázatos hozzáállással imádkozott, amikor letérdelt, hogy a Mindenható Istennek imádkozzon. Salamon király (1 Királyok 8,54), Pál apostol (Cselekedetek 20,36), és István diakónus, aki mártírhalált halt (Cselekedetek 7,60), mind letérdeltek, amikor imádkoztak.

Ha valakitől szívességet vagy valamit kérünk, idegesek leszünk, és nagyon vigyázunk, hogy nehogy hibázunk valamit. Akkor, ápolatlannak kell hogy tűnjünk, testben és lélekben, ha tudjuk, hogy Istenhez, a Teremtőhöz beszélünk? A letérdelés a szívünk tiszteletének a kifejezése, és annak, hogy bízunk benne. Rendbe kell hoznunk magunkat, és alázatosan le kell térdelnünk, amikor imádkozunk.

3) Jézus imádsága Isten akaratával egyezett

Jézus Istenhez imádkozott: *"mindazáltal ne az én akaratom, hanem a tiéd legyen!"* (Lukács 22,42) Jézus, Isten Fia, azért jött a földre, hogy egy fakereszten meghaljon, bár hibátlan és folttalan volt. Ezért így imádkozott: *"Atyám, ha akarod, távoztasd el tőlem e pohárt."* Azonban, Ő tudta Isten akaratát, hogy az egész emberiséget akarta megmenteni egyetlen személy által, és nem a saját javáért imádkozott, hanem csakis Isten akaratának megfelelően.

Az 1 Korinthusiakhoz 10,31 ezt mondja nekünk: *"Azért akár esztek, akár isztok, akármit cselekesztek, mindent az Isten dicsőségére míveljetek."* Ha valami olyant kérünk, ami nem Isten dicsőségét szolgálja, hanem a húsbeli vágyakat, nem megfelelő dolgokat kérünk. Csakis Isten akaratának megfelelően kérhetünk. Sőt, Isten azt is mondja, hogy jegyezzük meg, amit a Jakab 4,2-3-ban találunk: *"Kívántok [valamit,] és nincs néktek: gyilkoltok és irígykedtek, és nem nyerhetitek meg; harczoltok és háborúskodtok; és nincsen semmitek, mert nem kéritek. Kéritek, de nem kapjátok, mert nem jól kéritek, hogy gerjedelmeitekre költsétek azt."* Meg kell vizsgálnunk, hogy nem csak a saját előnyünk miatt imádkoztunk-e.

4) Jézus birkózott az imában

Lukács 22,44-ben látjuk, mennyire őszintén imádkozott Jézus. *"És haláltusában lévén, buzgóságosabban imádkozék; és az ő verítéke olyan vala, mint a nagy vércseppek, melyek a földre hullanak."* A Getsemáné klímája, ahol Jézus imádkozott, éjszaka lehűlt, így nehéz lett volna az izzadás. El tudod képzelni, mennyire kínozhatta magát Jézus az őszinte, komoly imával, ha az izzadsága vércseppekként leestek a földre? Ha Jézus csendben imádkozott volna, tehette ezt olyan komolyan, hogy izzadjon közben? Amint Jézus szenvedéllyel felkiáltott istenhez, az Ő izzadsága „vércseppként lehullott a földre."

A Genezis 3,17-ben Isten ezt mondja Ádámnak: *„Az embernek pedig monda: Mivelhogy hallgattál a te feleséged szavára, és ettél arról a fáról, a melyről azt parancsoltam, hogy ne egyél arról: Átkozott legyen a föld te miattad, fáradságos munkával élj belőle életednek minden napjaiban."* Mielőtt az embert elátkozták, bőséges életet élt, mivel Isten mindent megadott neki. Amikor a bűn utolérte, mert ellenszegült Isten akaratának, megszakadt a párbeszéde a Teremtőjével, és már csak a fáradságos munkája által tudott enni.

Ha mindaz, amire szükségünk van, csak fájdalmas kínok között érhető el, mit kellene tennünk, amikor olyasmit kérünk, amit nem is tudunk megtenni? Kérlek, emlékezz, hogy csak ha Istenhez kiáltunk, és imádkozunk Hozzá, kegyetlenül húzzuk a munka igáját, valamint izzadunk, csak ekkor tudjuk megkapni, amit kívánunk Istentől. Sőt, emlékezz arra, amit Isten mondott: fájdalmasan nehéz munka és erőfeszítés kell ahhoz, hogy gyümölcsözzünk, valamint az is jusson eszedbe: milyen komolyan kínlódott és birkózott Jézus az imával. Ezekre mind emlékezz, tedd azt, amit Jézus tett, és úgy imádkozz, hogy az tessék Istennek.

Eddig megnéztük, hogyan imádkozott Jézus, ezzel megfelelő példát állítva elénk. Ha Jézus, aki teljes tekintéllyel bírt, annyit imádkozott, hogy ez lett a példa, milyen hozzáállással kell nekünk, Isten teremtményeinek, imádkoznunk? Az imánk külső megjelenése és hozzáállása kifejezi a szívünket. Ezért, a szív, amellyel imádkozunk, pont olyan fontos lehet, mint a hozzáállás, amellyel imádkozunk.

2. Az Istennek tetsző ima alap tulajdonságai

Milyen szívvel imádkozzunk, hogy Istennek tetsző legyen, és válaszoljon az imánkra?

1) Teljes szívvel kell imádkoznod

Abból, ahogy Jézus imádkozott, megtanultuk, hogy a szívből

jövő ima abból a hozzáállásból származik, amellyel Istenhez imádkozunk. Az attitűdből látszik, hogy milyen szívvel imádkozik valaki.

Nézd meg Jákob imáját a Genezis 32-ben. Mivel előtte volt a Jabbok folyó, Jákob nagyon nehéz helyzetben találta magát. Nem tudott megfordulni, mivel a nagybátyjával, Labannal egyezséget kötött, hogy nem megy át a Galeed nevű határvonalon. Nem tudott a Jabbokon átmenni ott, ahol – a másik oldalon – a fivére, Ézsau várta négyszáz emberrel, hogy elfoghassa Jákobot. Nagyon elkeseredett időszak volt ez, amikor Jákob büszkesége és egója, amelyekben annyira bízott, teljesen tönkrement. Jákob végül rájött, hogy csak ha mindenét Istennek ajánlja, és a szívét megmozgatja, csak akkor oldódnak meg a gondjai. Mivel Jákob birkózott az imában, egészen addig a pontig, amíg a combcsontja eltört, végül megkapta Isten válaszát. Jakab képes volt megindítani Isten szívét, és megbékélni a testvérével, aki várta őt, hogy egyezkedjenek.

Nézd meg az 1 Királyok 18-at, amelyben Illés próféta megkapta Isten „tüzes válaszát," és dicsőséget adott Istennek. Amikor a bálványimádás virágzott Aháb király idején, Illés megharcolt négyszázötven prófétával, Baál prófétáival, és legyőzte őket úgy, hogy Isten válaszait lehozta nekik a zsidók előtt, és az élő Istennek tanúskodott ezzel.

Ez volt az idő, amikor Aháb azt gondolta, hogy Illés próféta volt a hibás a három és féléves szárazságért, amely Izraelt sújtotta, és kereste a prófétát. Azonban, amikor Isten azt parancsolta Illésnek, hogy menjen Aháb elé, a próféta gyorsan engedelmeskedett. Mivel a próféta a király elé ment, aki meg akarta öletni, és bátran elmondta, hogy mit mondott általa Isten, és mindent megfordított a hitbeli imával, amelyben semmi kételkedés nem volt, a megbánás jelentkezett az embereknél, akik korábban bálványokat imádtak, mert Istenhez fordultak. Illés lekuporodott a földön, és a fejét a térdei közé rakta, amikor komolyan imádkozott, hogy lehozhassa Isten munkáit, ide a földre, és megszüntethesse a szárazságot, amely három és fél évig kínozta a földet (1 Királyok 18,42).

A mi Istenünk figyelmeztet minket az Ezékiel 36,36-37-ben: *"És megtudják a pogányok, a kik körülöttetek megmaradtak, hogy én, az Úr építettem meg a lerontottakat s plántáltam be a pusztaságot. Én, az Úr mondtam és megcselekedtem. Így szól az Úr Isten: Még arra nézve is kérni hagyom magamat Izráel házának, hogy cselekedjem ő velök: Megsokasítom őket, mint a nyájat, emberekkel."* Más szavakkal, bár Isten megígérte Illésnek, hogy nagy esőt hoz Izraelre, a nagy eső nem hullhatott volna le Illés komoly imája nélkül, melyet a szíve mélyéről mondott. A szívünkből mondott ima teljesen megmozdítja Istent, és meg is hatja Őt, és azonnal megválaszolja azt, és megengedi, hogy dicsőséget adjunk Neki.

2) Istenhez kell az imádban kiáltanod

Isten megígéri nekünk, hogy meghallgat minket, és találkozik velünk, amikor szólítjuk Őt, és keressük Őt, valamint Hozzá imádkozunk, teljes szívünkből (Jeremiás 29,12-13; Példabeszédek 8,17). A Jeremiás 33,3-ban megígéri nekünk: *"Kiálts hozzám és megfelelek, és nagy dolgokat mondok néked, és megfoghatatlanokat, a melyeket nem tudsz."* Az ok, amiért Isten azt kéri tőlünk, hogy az imában Hozzá szóljunk az, hogy ha hangosan kiáltunk, a teljes szívünkkel tudunk imádkozni. Más szavakkal, amikor imádkozunk, és ezt hangosan tesszük, elkülönítjük magunkat a világi dolgoktól, fáradtságtól, szédüléstől, és a saját gondolataink nem találnak helyet maguknak az elménkben.

Azonban nagyon sok templomban ma azt tanítják, hogy helyes, ha a szentélyekben csendben vagyunk, mert ez „istenes," és „szent." Amikor néhány testvér hangosan kiált fel az imájában, a gyülekezet többi tagjai gyorsan azt gondolják, hogy illetlenség ez, és eretnekként elítélik ezeket az embereket. Ez azonban azért történik, mert nem ismerik Isten Szavát és az Ő akaratát.

A korai templomok, amelyek megtapasztalták Isten hatalmának a nagy megnyilvánulásait, Isten kedvére tudtak tenni, a Szentlélek teljességében, mivel egyetértésben tudtak hangosan imádkozni Istenhez (Cselekedetek 4,24). Még ma is, láthatjuk, hogy számtalan csodával határos jel létezik, és hogy nagy felújulásuk van a templomokban, amelyekben hangosan imádkoznak Istenhez, és Isten Hangját és akaratát követve élnek.

„Istenhez kiáltani" azt jelenti, hogy komolyan imádkozunk Istenhez, hangosan. Az ilyen ima által, a fivérek és nővérek a Krisztusban tele lesznek a Szentlélekkel, és – ahogy az ellenséges ördög közbeavatkozó erőitől megszabadulunk – válaszokat kaphatnak az imájukra, és spirituális ajándékokat is.

A Bibliában számtalan olyan eset van, amikor Jézus, és a hot számos ősatyja felkiáltott Istenhez hangosan, és válaszokat kapott Tőle.

Nézzünk egy pár példát az Ótestamentumban.

Az Exodus 15,22-25-ben van egy jelenet az izraelitákkal, akik – miután korábban elhagyták Egyiptomot – átmentek a Vörös tengeren gyalog, miután Mózes a hitével kettéválasztotta azt. Mivel az izraeliták hite kevés volt, morogtak Mózes ellen, amikor semmi innivalójuk nem volt, a Súr sivatag átkelésekor. Amikor Mózes „felkiáltott" Istenhez, a Márai keserűvíz édessé vált.

A Számok 12-ben van egy jelenet, amelyben Mózes nővére, Mirjam leprás lett, miután ellene beszélt. Amikor Mózes Istenhez kiáltott, mondva: *„Ó, Istenem, gyógyítsd meg őt, imádkozom érte!"* Isten meggyógyította Mirjamot a leprából.

Az 1 Sámuel 7,9-ben ezt olvassuk: *„Vett azért Sámuel egy szopós bárányt, és megáldoz azt egészen égőáldozatul az*

Úrnak. És fohászkodék Sámuel Izráelért az Úrhoz, és az Úr meghallgatá őt." Az 1 Királyok 17 Zarefát története, aki Illésnek, Isten szolgájának vendégszeretetet mutatott. Amikor a fia beteg lett és meghalt, Illés Istent megszólította: *"Én Uram, Istenem, térítsd vissza e gyermek lelkét ő belé!"* (vers 13) Isten meghallotta Illés hangját, és a gyermekbe visszatért az élet, és élt (1 Királyok 17,21-22). Amikor Isten hallotta Illés kiáltását, azt látjuk, hogy megválaszolta a próféta kívánságát.

Jónás, akit egy nagy cethal lenyelt, mivel engedetlen volt Istennel, szintén üdvözült, amikor imában kiáltott fel. Jónás 2,2-ben azt látjuk, hogy így imádkozott: *"És mondá: Nyomorúságomban az Úrhoz kiálték és meghallgata engem; a Seol torkából sikolték [és] meghallád az én szómat."* Isten meghallotta a kiáltását, és megmentette őt. Függetlenül attól, hogy mennyire nehéz és lehangoló egy helyzet, amiben találjuk magunkat, mint Jónás, Isten megadja a szívünk vágyát, és válaszol nekünk, és megoldja a gondunkat, ha megbánjuk az Ő szemében rossz cselekedeteinket, és felkiáltunk Hozzá.

Az Újtestamentum szintén gazdag olyan helyzetekben, amelyekben emberek Istenhez kiáltottak.

János 11,43-44-ben azt látjuk, hogy Jézus hangosan felkiáltott: *"Lázár, jőjj ki!"* és a halott ember kijött, keze és lába betekerve, valamint az arca is körbetekerve egy ronggyal. Nem lett volna különbség a halott Lázár számára abban, ha Lázár kiáltott vagy suttogott volna. Azonban, Lázár hangosan kiáltott Istenhez. Jézus visszahozta az életbe Lázárt – akinek a teste négy napja koporsóban volt, – az imájával, Isten akarata szerint, ezzel Isten dicsőségét mutatta.

Márk 10,46-52 elmeséli a vak koldus, Bartimaeus történetét:

„És Jerikóba érkezének: és mikor ő és az ő tanítványai és nagy sokaság Jerikóból kimennek vala, a Timeus fia, a vak Bartimeus, ott üle az úton, koldulván. És a mikor meghallá, hogy ez a Názáreti Jézus, kezde kiáltani, mondván: Jézus, Dávidnak Fia, könyörülj rajtam! És sokan feddik vala őt, hogy hallgasson; de ő annál jobban kiáltja vala: Dávidnak Fia, könyörülj rajtam! Akkor Jézus megállván, mondá, hogy hívják elő. És előhívják vala a vakot, mondván néki: Bízzál; kelj föl, hív tégedet. Az pedig felső ruháját ledobván, és felkelvén, Jézushoz méne. És felelvén Jézus, monda néki: Mit akarsz, hogy cselekedjem veled? A vak pedig monda néki: Mester, hogy lássak. Jézus pedig monda néki: Eredj el, a te hited megtartott téged. És azonnal megjött a szemevilága, és követi vala Jézust az úton."

A Cselekedetek 7,59-60ben, ahogy István diakónust halálra

kövezik, felkiáltott az Úrhoz: *"Uram, fogadd a lelkemet!"* Aztán, térdre borulva, hangosan felkiáltott: *"Uram, ne hozd fel ellenük a bűnüket!"*

És a Cselekedetek 4,23-24; 31-ben ezt olvassuk: *"Mikor pedig elbocsáttattak, menének az övéikhez, és elbeszélék, a miket a főpapok és a vének mondottak nékik. Ezek pedig mikor hallották, egy szívvel-lélekkel felemelék szavokat az Istenhez, és mondának: Urunk, te vagy az Isten, ki teremtetted a mennyet és a földet, a tengert és minden azokban levő dolgot. És minekutána könyörögtek, megmozdula a hely, a hol egybegyűltek; és betelének mindnyájan Szent Lélekkel, és az Isten beszédét bátorsággal szólják vala."*

Ha Istenhez kiáltasz, igaz tanúja lehetsz Jézus Krisztusnak, és a Szentlélek hatalmát tudod kinyilvánítani.

Isten azt mondta, akkor is Hozzá kiáltsunk, amikor böjtölünk. Ha a böjtölés nagy részét a fáradtság miatt átalusszuk, nem fogunk válaszokat kapni Istentől. Isten megígéri az Ézsaiás 58,9-ben: *"Akkor kiáltasz, és az Úr meghallgat, jajgatsz, és ő azt mondja: Ímé, itt vagyok. Ha elvetended közüled az igát, és [megszünsz] ujjal mutogatni és hamisságot beszélni."* Az Ő ígéretének megfelelően, ha hozzá kiáltunk, amikor böjtölünk, fentről a kegyelem és a hatalom hull ránk, és győzedelmesek leszünk, valamint válaszokat kapunk Istentől.

„A kitartó özvegy példázatával" Jézus retorikusan ezt kérdezte tőlünk: *"Hát az Isten nem áll-é bosszút az ő választottaiért, kik ő hozzá kiáltanak éjjel és nappal, ha hosszútűrő is irántuk?"* és azt mondta nekünk, hogy imába kiáltsunk fel (Lukács 18,7).

Ezért, ahogy Jézus mondja nekünk a Máté 5,18-ban: *„Mert bizony mondom néktek, míg az ég és a föld elmúlik, a törvényből egy jóta vagy egyetlen pontocska el nem múlik, a míg minden be nem teljesedik,"* ha Isten gyermekei imádkoznak, természetes a számukra, hogy hangosan kiáltsanak. Ez Isten parancsa. Mivel az Ő törvénye azt diktálja, hogy a verejtékes munkánk gyümölcsét kell hogy megegyük, megkaphatjuk a válaszokat, ha Hozzá imádkozunk.

Lehet, hogy lesznek olyanok, akik visszavágnak, a Máté 6,6-8-ban leírtak alapján, és ezt kérdik: „Valóbak kiáltanunk kell Istenhez, annak ellenére, hogy Ő már az előtt tudja, hogy mit akarunk, mielőtt megszólalunk?" vagy: „Miért kiáltsak, amikor Jézus azt mondta, hogy titokban, a szobámban imádkozzak, csukott ajtók mögött?" Azonban a Bibliában sehol sem fogsz utalást találni arra, hogy emberek titokban, a kényelmes szobájukban imádkoznak.

A Máté 6,6-8 rész igazi értelme: arra biztat bennünket, hogy teljes szívünkből imádkozzunk. Menj be a belső szobádba, és csukd be az ajtót magad mögött. Ha egy szobában vagy, mely privát és csendes, de az ajtaja be van csukva, nem leszel elvágva minden kinti kapcsolattól? Ahogy bennünket is minden kinti kapcsolattól elvágnak a becsukott szobában, Jézus azt mondja

Máté 6,6-8-ban, hogy szakadjunk el az összes gondolatunktól, világi dolgunktól, aggályunktól és hasonlóktól, és teljes szívvel imádkozzunk.

Továbbá, Jézus ezt a történetet leckeként mondta el az embereknek, hogy tudják: Isten nem hallgatja meg a farizeusok és papok imáját, akik Jézus idejében hangosan imádkoztak, hogy mások lássák és dicsérjék őket. Nem szabad büszkék lennünk az imánk mennyiségére. Ehelyett az imánkkal meg kell küzdenünk, a teljes szívünkkel-elménkkel, és a Mindenhatónak kell címeznünk azt, aki minden szükségletünket és kívánságunkat ismeri, és aki a „mindenünk, egyben."

Nagyon nehéz teljes szívből imádkozni hangtalanul. Próbálj meg meditációban imádkozni, csukott szemmel éjjel. Hamarosan küzdeni fogsz a fáradtság ellen, valamint a világi gondolatok ellen, ahelyett, hogy imádkoznál. Amikor belefáradsz az álmosság leküzdésébe, hamarosan elalszol majd.

Ahelyett, hogy a csendes szobában imádkozott volna, *„És lőn azokban a napokban, kiméne a hegyre imádkozni, és az éjszakát az Istenhez való imádkozásban tölté el (Jézus)"* (Lukács 6,12) és *„Kora reggel pedig, még szürkületkor, fölkelvén, kiméne, és elméne egy puszta helyre és ott imádkozék"* (Márk 1,35). Dániel próféta, az ő tetőtéri szobájában, a Jeruzsálem felé néző ablakait kinyitotta, és naponta háromszor letérdelt, imádkozva és hálát adva az ő Istenének (Dániel 6,10). Péter felment a tetőre imádkozni

(Cselekedetek 10,9), míg Pál apostol kiment a kapun egy folyó partjára, ahol feltételezte, hogy lesz egy imahely, és itt imádkozott, amíg Filippiben volt (Cselekedetek 16,13; 16). Ezek az emberek bizonyos helyeket kijelöltek az imára, mivel teljes szívből akartak imádkozni. Oly módon kell imádkoznod, amely behatol az ellenséges ördög hatalmába, aki a levegő királyságának az uralkodója, és az imád be kell hogy jusson a fenti trónra. Csak ekkor lesz veled a Szentlélek, a kísértések el fognak hagyni, és minden gondodra, kisebbre és nagyobbra egyaránt választ fogsz kapni.

3) Az imádnak célirányosnak kell lennie

Vannak, akik a fákat azért ültetik, hogy jó faanyagot, deszkát nyerjenek. Mások a gyümölcs miatt ültetnek fákat. Megint mások azért, hogy a fából gyönyörű kertet alakítsanak ki. Ha valaki cél nélkül ültet fákat, mielőtt a csemeték megnőnének, lehet, hogy elhanyagolja a fáit, mert más munkájával lesz elfoglalva.

Ha világos célunk van bármely igyekezetünkben, ez a cél hajtja az igyekezetünket, és gyorsabb és jobb eredményeket hoz. Világos cél nélkül azonban egy igyekezet még egy kis akadályt sem fog legyőzni, mivel cél nélkül csak kétely és rezignáltság van.

Világos céllal kell Istenhez imádkoznunk. Azt ígérte nekünk, hogy mindent magkapunk, amit kérünk, ha magabiztosan állunk Előtte (1 János 3,21-22), és ha az imánk célja világos, komolyabban tudunk imádkozni, nagyobb kitartással. A mi Istenünk, amikor látja, hogy nincs semmi, amit el lehetne ítélni a szívünkben, mindennel ellát bennünket, amire szükségünk van. Mindig szem előtt kell tartanunk az imánk célját, és oly módon kell imádkoznunk, ami kedves Isten előtt.

4) Hittel kell imádkoznod

Mivel mindenki hitének a mértéke más, ezért mindenki a hite mértékének megfelelően fog választ kapni Istentől. Ha valaki frissen fogadta el Jézus Krisztust, és megnyitja a szívét, a Szentlélek megszállja, és Isten megpecsételi, mint az Ő gyermekét. Ekkor mondjuk, hogy a hitük akkora, mint a mustármag.

Ha megtartják az Úr napját szentnek, és állandóan imádkoznak, megtartva Isten parancsolatait, valamint tisztelve az Ő Szavát, a hitük nőni fog. Azonban, amikor kísértésnek és szenvedésnek vannak kitéve, még a hitük megalapozása előtt, lehet, hogy néha megkérdőjelezik Isten hatalmát, és elbátortalanodnak. Azonban, ha már a hit szikláján állnak, nem fognak elesni semmilyen körülmény között, hanem hittel néznek Istenre, és továbbra is imádkoznak. Isten látja az ilyen hitet, és azok javáért fog dolgozni, akik szeretik Őt.

Ahogy imát imára halmoznak, a fentről kapott hatalommal küzdeni fognak a bűn ellen, és az Urunkra fognak hasonlítani. Világosan fogják tudni az Úr akaratát, és engedelmeskedni fognak neki. Ez a fajta hit tetszik Istennek, és mindent meg fognak kapni, amit csak kérnek. Amint az emberek elérik a hitnek ezt a fokát, megtapasztalják az ígéretet, amelyet Márk 16,17-18 tartalmaz, amely szerint: "*Azokat pedig, a kik hisznek, ilyen jelek követik: az én nevemben ördögöket űznek; új nyelveken szólnak. Kígyókat vesznek föl; és ha valami halálost isznak, meg nem árt nékik: betegekre vetik kezeiket, és meggyógyulnak.*" A nagy hittel bíró emberek választ kapnak a hitük mértéke szerint, és a kishitűek szintén a hitük mértéke szerint fognak választ kapni.

Létezik "én központú hit," amelyet saját magad birtoklod, és "Isten-adta hit." Az "én központú hit nem egyezik meg az ember cselekedeteivel, de az Isten-adta hit olyan spirituális hit, amelyet mindig követ a cselekedet. A Biblia azt mondja, hogy a hit a remélt dolgok biztosítéka (Zsidók 11,1), de az "én központú hit" nem biztosíték. Még ha van is valakinek olyan hite, amellyel a Vörös tengert kettéválasztja, és egy hegyet elmozdít, az "én központú hittel" nincs biztosítéka Isten válaszait tekintve.

Isten "élő hitet" ad nekünk, amelyet cselekedetek követnek, amikor mi – a hitünk mértékének megfelelően – engedelmeskedünk, a hitünket cselekedetekkel kimutatjuk, és imádkozunk. Amikor megmutatjuk Neki a hitet, amellyel már bírunk, ez a hit egyesülni fog az "élő hittel," amelyet Ő ad nekünk, amely olyan hitté alakul, amellyel késedelem nélkül megkapjuk Isten válaszait. Néha az emberek megtapasztalják, teljes bizonyossággal, az Ő válaszát. Ez az Isten-adta hit, amelynek feltétele, hogy az emberek ilyen hittel bírnak, mert ha igen, már meg is kapták a választ.

Ezért, kételyek nélkül, a bizodalmunkat Jézus ígéretébe kell helyeznünk, amelyet a Márk 11,24-ben tesz: *"Azért mondom néktek: A mit könyörgéstekben kértek, higyjétek, hogy mindazt megnyeritek, és meglészen néktek."* Addig kell imádkoznunk, amíg Isten válaszaiban nem leszünk biztosak, és mindent meg fogunk kapni, amit az imában kértünk (Máté 21,22).

5) Szeretetben kell imádkoznod

A Zsidók 11,6 ezt mondja nekünk: *"Hit nélkül pedig lehetetlen Istennek tetszeni; mert a ki Isten elé járul, hinnie kell, hogy ő létezik és megjutalmazza azokat, a kik őt keresik."* Ha elhisszük, hogy az összes imánk válaszra talál, és mint a mennyei jutalmunkat, elrakják őket, nem találjuk az imádkozást fárasztónak vagy nehéznek.

Ahogy Jézus birkózott az imában, hogy az emberiségnek életet adjon, ha a másokért érzett szeretetben imádkozunk, mi is komolyan tudjuk majd tenni. Ha őszinte szeretettel a szívedben tudsz másokért imádkozni, azt jelenti, hogy képes vagy átérezni a helyzetüket, és a gondjaikat a sajátodként tudod kezelni, és annál jobban képes leszel komolyan imádkozni.

Tegyük fel, hogy a templomod szentélyének az újraépítéséért imádkozol. Ugyanolyan szívvel kell ezt tenned, mintha a saját házad építéséért imádkoznál. Ahogy a saját házad esetében körüljárnád a terület, munkások, anyagok és hasonlók témáját, minden elem és tényező ugyanilyen fontossággal kell hogy bírjon a szentély újjáépítésében is. Ha egy betegért imádkozol, a helyébe kell kpzelned magad, és az imával harcolnod kell, teljes szívvel, mintha az ő fájdalma és szenvedése a sajátod lenne.

Annak érdekében, hogy Isten akaratát megvalósítsa, Jézus szokás szerint letérdelt, és az Isten és az egész emberiség iránt érzett szeretetében imádkozott. Ennek eredményeként megnyílt előttünk az üdvösség ösvénye, és bárkinek, aki elfogadja Jézus Krisztust, a bűnei bocsánatot nyerhetnek, és élvezheti a tekintélyt, ami azzal jár, hogy Jézus Krisztus gyerekének számít már.

Annak alapján, ahogy Jézus imádkozott, és az Istennek tetsző ima alapján, meg kell hogy vizsgáljuk a szívünket és a hozzáállásunkat, és olyan szívvel és hozzáállással kell imádkoznunk, amely tetsző Istennek, és mindent meg fogunk kapni Istentől, amit az imánkban kértünk.

Negyedik fejezet

Hogy ne essetek kísértésbe

Akkor méne a tanítványokhoz
és aluva találá őket,
és monda Péternek:
Így nem birtatok vigyázni velem egy óráig sem!?
Vigyázzatok és imádkozzatok,
hogy kísértetbe ne essetek;
mert jóllehet a lélek kész,
de a test erőtelen.

Máté 26,40-41

1. Imaélet: A szellemünk lélegzete

Az Istenünk él, és irányítja az ember életét, halálát, átkot és áldást, a szeretetet, igazságot és jóságot. Nem akarja, hogy a gyerekei kísértésbe essenek, vagy szenvedjenek, hanem olyan életet éljenek, amely tele van áldásokkal. Ezért Ő elküldte a földre a Szentlelket, a Tanácsost, aki segít a Gyerekeinek a világot legyőzni, az ellenséges ördögöt elkergetni, egészséges és boldog életet élni, és elérni az üdvösséget.

Isten azt ígérte a Jeremiás 29,11-12-ben: *"Mert én tudom az én gondolatimat, a melyeket én felőletek gondolok, azt mondja az Úr; békességnek és nem háborúságnak gondolata, hogy kivánatos véget adjak néktek. Akkor segítségre hívtok engem, és elmentek és imádtok engem, és meghallgatlak titeket."*

Ha ezt az életet békében és reménységben akarjuk élni, imádkoznunk kell. Ha az életünk során Krisztusban állandóan imádkozunk, nem fognak megkísérteni, a lelkünk virágozni fog, a látszólag „lehetetlen" „lehetségessé" válik, minden dolog az életben jól fog menni, és jó egészségnek fogunk örülni. Azonban, ha Isten gyermekei nem imádkoznak – mivel az ellenséges ördög körbe portyázik, mint egy üvöltő oroszlán, azt nézve, hogy kit falhat fel – kísértésnek leszünk kitéve, és katasztrófákkal találkozunk.

Ahogy az életnek is vége van, ha nem lélegzünk, az ima fontossága Isten gyermekeinek az életében nem hangsúlyozható eléggé. Ezért parancsolja azt Isten, hogy állandóan imádkozzunk (1 Tesszalonikaiak 5,17), emlékeztet arra, hogy az ima elmaradása bűnt jelent (1 Sámuel 12,23), és arra tanít, hogy imádkozzunk azért, hogy ne essünk kísértésbe (Máté 26,41).

Az új hívők, akik nem rég fogadták el Jézus Krisztust, azt gondolhatják, hogy az imádság nehéz, mivel nem tudják, hogyan kell imádkozni. A halott szellemünk újjáéled, amikor elfogadjuk Jézus Krisztust, és megszáll bennünket a Szentlélek. Ekkor a szellemünk egy kisgyerek szintjén van, és ezért nehéz imádkozni.

Azonban, ha nem adják fel, és továbbra is készítik a kenyeret Isten Igéjéből, a szellemük megerősödik, és az imájuk erősebb lesz. Ahogy az emberek nem élhetnek lélegzés nélkül, rájönnek, hogy ők meg imádkozás nélkül nem tudnak élni.

Gyerekkoromban voltak gyerekek, akik egymással versenyeztek abban, hogy melyikük tudta a lélegzetét tovább visszatartani. Két gyerek szembeállt egymással, és mély lélegzeteket vett. Amikor egy másik gyerek azt mondta: „Kész!" a két gyerek annyi levegőt szívott be, amennyit tudott. Amikor a bíró azt kiáltotta: „Rajta!" teljesen elszánt arccal, a két gyerek visszatartotta a levegőt.

Először a lélegzetet visszatartani nem nehéz. Azonban, ahogy telik az idő, a gyerekek fulladoznak, és az arcuk kipirul. Végül már nem képesek a lélegzetüket bent tartani, és ki kell hogy lélegezzenek. Senki nem élheti túl, ha a lélegzete leáll.

Ugyanez van az imával. Ha egy spirituális személy már nem imádkozik, először nem érez különbséget. Azonban, az idő múlásával a szíve elcsügged és elnehezedik. Ha láthatnánk a szellemét a szemünkkel, bizony azt látnánk, hogy a szelleme fuldokol. Ha rájön, hogy mindez azért van, mert abbahagyta az imát, és folytatja azt, ismét normális élete lehet Krisztusban. Azonban, ha továbbra is bűnözik azzal, hogy nem imádkozik, a szívében szerencsétlennek fogja magát érezni, és azt fogja megtapasztalni, hogy az életének sok területén sikertelen lesz.

„Szünetelni" az imát nem Isten akarata. Ahogy levegő után kapkodunk addig, amíg a lélegzetünk újra normális nem lesz, a régi, normális életre visszatérni annál nehezebb lesz, és sok időre lesz szükségünk. Minél hosszabb volt a „szünet," annál nehezebb lesz az imaéletünket visszaállítani.

Azok az emberek, akik rájönnek, hogy az ima a szellem lélegzése, nem találják nehéznek azt. Ha szokásosan imádkoztak, ahogy ki-meg belélegzünk, ahelyett, hogy az imát nehéznek találnák, békésebbek lesznek, reménnyel telibbek, és örömtelibbek az életben, mintha nem imádkoznának. Ez azért van, mert Isten válaszait megkapják, és az imájukkal dicsőítik Őt.

2. A nem imádkozók kísértéseinek oka

Jézus példát mutatott nekünk az imádkozásból, és azt mondta a tanítványainak, hogy imádkozzanak és figyeljenek, hogy ne essenek kísértésbe (Máté 26,41). Ez azt jelenti: ha nem imádkozunk állandóan, kísértésbe esünk. Miért esnek kísértésbe azok az emberek, akik nem imádkoznak?

Isten megteremtette az első embert, Ádámot, és megengedte neki, hogy kommunikáljon Istennel, aki a Szellem. Miután Ádám evett a jó és a rossz tudásának fájáról, és ellenszegült Istennek, Ádám szelleme meghalt, az Istennel való kommunikációja megszigorodott, és kiűzték az Édenkertből. Csakúgy, mint az ellenséges ördög, aki a levegő birodalmának vezetője, megszerezte az ember fölötti hatalmat, aki már nem tudott Istennel kommunikálni, aki a Szellem, aminek a következtében az ember egyre jobban a bűn rabjává vált.

Mivel a bűn zsoldja a halál (Rómaiak 6,23), Isten feltárta az Ő üdvösségének gondviselését Jézus Krisztus által, az egész emberiség részére, amely halálra volt ítélve. Bárkit, aki elfogadja Jézus Krisztust mint Megmentőjét, megvallja bűnösségét és megbánja azt, Isten megpecsételi, és a biztosítéka zálogául a Szentlelket adja neki.

A Tanácsadó, a Szentlélek, akit Isten küldött, elítéli a bűnös világot a bűn, igazság és ítélet szemszögéből (János 16,8), közbenjár értünk olyan sóhajtással, amelyet szavak nem tudnak leírni (Rómaiak 8,26), és képessé tesz bennünket arra, hogy a világot legyőzzük.

Annak érdekében, hogy a Szentlélek megszálljon bennünket, és az Ő segítségét megkapjuk, az ima elengedhetetlen. Csak ha imádkozunk, fog a Szentlélek beszélni velünk, fogja meglágyítani a szívünket és az elménket, fog figyelmeztetni a leselkedő kísértésekre, és fog segíteni legyőzni őket, még akkor is, ha az utunkba kerülnek.

Azonban, ima nélkül nem tudjuk megkülönböztetni Isten akaratát a saját, emberi akaratunktól. A világi vágyak keresésében, azok az emberek, akiknek nincs rutinszerű imaélete, a szokásaiknak megfelelően fognak élni, és az önhittségüknek megfelelően fogják követni azt, amit helyesnek gondolnak. Ily módon a kísértések és szenvedések rájuk szakadnak különböző nehézségek által.

A Jakab 1,13-15-ben ezt olvassuk: *"Senki se mondja, mikor kísértetik: Az Istentől kísértetem: mert az Isten gonoszsággal nem kísérthető, ő maga pedig senkit sem kísért. Hanem mindenki kísértetik, a mikor vonja és édesgeti a tulajdon kívánsága. Azután a kívánság megfoganván, bűnt szül; a bűn pedig teljességre jutván halált nemz."*

Más szavakkal, a kísértések azokra az emberekre szállnak, akik nem tudják megkülönböztetni Isten akaratát az emberi akarattól, a világi kívánságaik elcsábítják őket, és nehézségektől szenvednek, mert nem képesek a kísértéseket legyőzni. Isten azt akarja, hogy a gyermekei tanulják meg, hogy meg kell elégedniük, bármilyen körülményeik vannak, meg kell tanulniuk: mit jelent a szükség, és mit a bőség, és tanulják meg a titkát annak, hogy minden helyzetben elégedettnek kell lenniük, függetlenül attól, hogy jóllakottak vagy éhesek, szükségben vagy bőségben élnek (Filippiek 4,11-12).

Azonban – mivel a világi vágyak szülik a bűnöket, és a bűn zsoldja a halál – Isten nem védheti meg azokat az embereket, akik folyamatosan bűnöznek. Amilyen mértékben az emberek bűnöztek, az ellenséges ördög kísértéseket és szenvedéseket hoz rájuk. A bukott emberek egy része azzal okoz csalódást Istennek, hogy azt mondják: Ő vitte kísértésbe őket, és Ő hozta rájuk a szenvedést. Azonban, ezzel neheztelnek Istenre, és az ilyen emberek nem tudják a kísértést legyőzni, és Istennek semmilyen esélyt nem hagynak, hogy az ő javukra dolgozzon.

Ily módon Isten azt javasolja nekünk, hogy a spekulációt hagyjuk abba, és minden büszke dolgot, amelyet Isten ellen mutattunk, és minden gondolatunkkal Krisztust szolgáljuk (2 Korinthusiak 10,5). A Rómaiak 8,6-7-ben erre emlékeztet bennünket: *„Mert a testnek gondolata halál; a Lélek gondolata pedig élet és békesség. Mert a test gondolata ellenségeskedés Isten ellen; minthogy az Isten törvényének nem engedelmeskedik, mert nem is teheti."*

Azon információ java része, amelyet még akkor tárolunk el „jóként" az elménkben, mielőtt Istennel találkoztunk volna, az Ige fényében hamisnak bizonyul. Isten akaratát akkor követhetjük teljesen, ha az összes elméletünket és testi gondolatunkat felszámoljuk. Sőt, ha az érveket akarjuk megdönteni, és minden színlelést, hogy az igazságnak engedelmeskedhessünk, imádkoznunk kell.

Néha a szeretet Istene helyesbít az Ő gyerekein, hogy ne térjenek a pusztulás útjára, és olyan kísértéseket enged meg nekik, amelyek segítségével megbánhatják a bűneiket, és elfordulhatnak a korábbi szokásaiktól. Ha az emberek megvizsgálják magukat, és mindent megbánnak, ami nem helyes Isten szemében, valamint állandóan imádkoznak, és azt a Valakit keresik, aki minden dologban azok javát keresi, akik szeretik Őt, és mindig örülnek. Isten látni fogja a hitüket, és biztosan válaszol nekik.

3. A szellem akarja, de a test gyenge

Azon az estén, mielőtt a keresztet magára vette, Jézus elment a Getsemáné kertjébe, és az imával gyötrődött. Amikor a tanítványait alva találta, Jézus ezt mondta: *"jóllehet a lélek kész, de a test erőtelen"* (Máté 26,41).

A Bibliában ilyen kifejezések vannak: „hús," „a hús dolgai," és „a hús cselekedetei." Egyrészt, a „hús" a „szellem" ellentéte, és mindenre vonatkozik, ami korrupt és változó. Minden teremtményre vonatkozik, beleértve az embert, mielőtt megváltozott volna az igazság miatt, növényeket, az összes állatot, és hasonlókat. Másrészt, a „szellem" az örök dolgokra, igaz és romolhatatlan dolgokra vonatkozik.

Ádám engedetlensége óta minden ember veleszületett bűnökkel bír, ami az eredeti bűn. A „saját magunk által elkövetett bűnök" hamis cselekedetek, amelyeket az ellenséges ördög bujtására követünk el. Az ember akkor lesz „hús," ha a hamisság elönti a testét, és a teste elvegyül a bűnös természettel. Ezért mondja a Rómaiak 9,8 róluk: „a hús gyermekei." Ez a vers ezt mondja: „*Azaz, nem a testnek fiai az Isten fiai; hanem az ígéret fiait tekinti magul.*" És a Rómaiak 13,14 figyelmeztet bennünket: „*Hanem öltözzétek fel az Úr Jézus Krisztust, és a testet ne tápláljátok a kívánságokra.*"

Sőt, „a test dolgai" olyan bűnös tulajdonságok, mint a csalás, irigység, féltékenység, gyűlölet (Rómaiak 8,5-8). Még nem jelentek meg a cselekedetekben, de még cselekedhetnek. Amikor ezek a vágyak megjelennek, úgy utalnak rájuk, mint „*a hús cselekedetei*" (Galateák 5,19-21).

Mit értett Jézus az alatt, hogy „a test gyenge"? A tanítványai fizikai kondíciójára gondolt? Mint korábbi halászok, Péter, Jakab és János az élet csúcsán levő emberek voltak, jó egészségnek örvendtek. Olyan embereknek, akik sok éjszakát áthorgásztak, néhány óra ébrenlét nem okozhatott nagy gondot. Azonban, miután Jézus azt mondta nekik, hogy maradjanak ott és Vele vigyázzanak, a három tanítvány képtelen volt imádkozni, hanem ehelyett elaludtak. Elmehettek volna a Getsemánéba, hogy Jézussal imádkozzanak, de a kívánságuk csak a szívükben maradt. Ehelyett, amikor Jézus azt mondta nekik, hogy a húsuk „gyenge" volt, arra gondolt, hogy nem voltak képesek a hús vágyát meghiúsítani, amely arra vette rá őket, hogy pihenjenek és aludjanak.

Péter, aki Jézus egyik szeretett tanítványa volt, nem tudott imádkozni, mivel a teste gyenge volt, bár a szelleme akart volna, és amikor Jézust elfogták és az élete veszélyben volt, háromszor is letagadta, hogy ismeri Jézust. Ez Jézus feltámadása előtt történt, még mielőtt a mennybe szállt volna, és Péter mély félelemben volt, mivel nem szállta még meg a Szentlélek. Miután megtelt a Szentlélekkel azonban, a holtakat felélesztette, csodálatos jeleket és csodákat művelt, és elég bátor lett ahhoz, hogy fejjel lefelé keresztre feszítsék. Péter gyengeségének jelei sehol sem voltak láthatóak, mivel Isten hatalmának bátor apostolává alakult, aki nem felt a haláltól. Ez azért van, mert Jézus az Ő értékes, hibátlan vérét ontotta értünk, és megváltott a gyengeségeinktől, szegénységünktől, szerencsétlenségünktől. Ha hittel élünk, Isten szavának engedelmeskedve, jó egészségnek fogunk örvendeni testben és lélekben, és meg tudjuk tenni azt is, ami az embernek lehetetlen, és bármi lehetséges lesz a számunkra.

Vannak olyan emberek, akik – ha bűnt követnek el – ahelyett, hogy megbánnák a bűneiket – gyorsan azt mondják: „a hús gyenge," és azt hiszik, hogy természetes, ha valaki bűnözik. Az ilyen emberek azért mondanak ilyent, mert nem ismerik az igazságot. Tegyük fel, hogy egy apa a fiának ad egy $1,000 értékű összeget. Milyen nevetséges lenne, ha a fiú a zsebébe tenné a pénzt, és ezt mondaná az apjának: „Nincs egyetlen fillérem sem"? Milyen frusztráló lenne az apa számára, ha a fia – miközben még mindig meglenne az $1,000-os összege –

koplalna anélkül, hogy ételt tudna venni? Ezért, azok számára közülünk, akiket már megszállt a Szentlélek, „a test gyenge" kifejezés egy oxymoron, azaz értelmetlen.

Számos olyan embert ismerek, akik régen tíz órakor lefeküdtek, de most elmennek a péntek éjjeli istentiszteletre, mert megkapták a Szentlélek segítségét az imájuk után. Nem fáradnak el, és nem szédülnek, és minden péntek éjjelüket Istennek adják, a Szentlélek teljességében. Ez azért van, mert a Szentlélek teljességében az emberek spirituális szeme kiélesedik, a szívük csordultig van szeretettel, nem éreznek fáradtságot, és a testüket könnyebbnek érzik.

Mivel a Szentlélek idejében élünk, soha nem szabad abbahagynunk az imát, és soha nem szabad vétkeznünk, mondván, hogy „a test gyenge," hanem élénknek kell maradnunk, állandóan imádkozva, és így a Szentlélek segíteni fog bennünket. A test cselekedeteit és a hasonló dolgokat el kell dobnunk magunktól, és buzgón kell vezetnünk az életünket Krisztusban úgy, hogy mindig úgy élünk, hogy figyelembe vesszük Isten akaratát velünk szemben.

4. Áldások azoknak, akik élénken figyelnek és imádkoznak

Az 1 Péter 5,8-9 ezt mondja nekünk: *„Józanok legyetek, vigyázzatok; mert a ti ellenségetek, az ördög, mint ordító* *oroszlán szerte jár, keresvén, kit elnyeljen: A kinek álljatok ellen, erősek lévén a hitben, tudva, hogy a világban lévő atyafiságotokon ugyanazok a szenvedések telnek be."* Az ellenséges Sátán és az ördög, aki a levegő királyságának uralkodója, arra csábítják az Istenben hívő embereket, hogy menjenek tévútra, és akadályozzák meg az Ő népét, hogy hite legyen.

Ha valaki ki akar gyökerestől húzni egy fát, először megpróbálja megrázni. Ha a törzs nagy és vastag, és a gyökere túl mélyen van a földben, fel fogja adni, és egy másik fát fog megrázni. Ha azt látja, hogy a második fát könnyebb kiszedni, mint az elsőt, még határozottabb lesz, és még jobban megrázza a fát. Ugyanígy, ha szilárdan állunk, az ellenséges ördög, aki el akar csábítani bennünket, el fog menni tőlünk. Ha csak kicsit is megremegünk, az ellenséges ördög még több kísértést fog ránk hozni, hogy letörjön bennünket.

Annak érdekében, hogy felfedezzük és elpusztítsuk az ellenséges ördög terveit, é a fényben járjunk azzal, hogy Isten szava szerint élünk, birkóznunk kell az imánkkal, és Isten-adta erőt kell kapnunk, és hatalmat fentről. Jézus, Isten egyszülött Fia mindent elért Isten akarata szerint, az ima erejével. Mielőtt elkezdte a nyilvános szolgálatát, Jézus előkészítette Magát azzal, hogy böjtölt negyven napon és negyven éjjelen át, és a három napos szolgálata alatt Isten hatalmának csodálatos munkáit mutatta, mivel állandóan imádkozott. A nyilvános szolgálata végén Jézus eltörölte a halál tekintélyét, és a feltámadással győzött, mivel Getsemánénál imával birkózott. Ezért van, hogy az Úr arra biztat bennünket, hogy *"Az imádságban állhatatosak legyetek, vigyázván abban hálaadással;"* (Kolosséiakhoz 4,2), és *"A vége pedig mindennek közel van. Annakokáért legyetek mértékletesek és józanok, hogy imádkozhassatok"* (1 Péter 4,7). Imádkozni is megtanított bennünket: *"És ne vígy minket kísértetbe, de szabadíts meg minket a gonosztól"* (Máté 6,13). Nagyon fontos az, hogy meg tudjuk előzni, hogy a kísértésbe essünk. Ha kísértésbe esel, azt jelenti, hogy nem győzted le, elfáradtál, és összezsugorodott a hited – ezek közül egyik sem tetszik Istennek.

Ha éberen imádkozunk, a Szentlélek megtanít bennünket, hogy a helyes úton járjunk, és eldobjuk a bűneinket, és harcolunk. Továbbá, ahogy a lelkünk virágzik, a szívünk az Úrra fog hasonlítani, az élet minden ügyében jól fogunk járni, és a jó egészség áldása utolér bennünket.

Az ima a kulcsa annak, hogy az életünkben minden jól menjen, és a jó egészség áldása elérjen bennünket, mind testben, mind lélekben. Mert megígérték nekünk az 1 János 5,18-ban: *"Tudjuk, hogy valaki Istentől született, nem vétkezik: hanem a ki Istentől született, megőrzi magát, és a gonosz nem illeti őt."* Ezért, ha éberek vagyunk, imádkozunk, és a fényben járunk, az ellenséges ördögtől megszabadulunk, és ha bele is esünk a kísértésbe, Isten megmutatja a kifele vezető utat, és úgy dolgozik majd, hogy mindenki jól járjon, aki szereti Őt.

Mivel Isten azt mondta nekünk, hogy állandóan imádkozzunk, az Ő áldott gyermekeivé kell válnunk, akik az életüket Krisztusban élik, azzal, hogy buzgók vagyunk, az ellenséges ördögöt távol tartjuk magunktól, és mindent megszerzünk, amivel Isten meg akar áldani bennünket.

Az 1 Thesszalonikai 5,23-ban ezt találjuk: *„Maga pedig a békességnek Istene szenteljen meg titeket mindenestől; és a ti egész valótok, mind lelketek, mind testetek feddhetetlenül őriztessék meg a mi Urunk Jézus Krisztus eljövetelére."*

Azt kívánom, hogy mindannyian kapjatok segítséget a Szentlélektől úgy, hogy éberek maradtok, állandóan imádkoztok, a szíveteket folttalanul és tisztán tartjátok, mint Isten gyermekei és eldobjátok a bűnös természeteteket. A Szentlélekkel körülmetélitek a szíveteket, élvezitek a tekintélyt, mint az Ő gyermekei, valamint a jó egészséget, mindenben hálát adtok istennek, a Jézus Krisztus nevében imádkozom!

Ötödik fejezet

Egy igazságos ember imája

Valljátok meg bűneiteket egymásnak
és imádkozzatok egymásért, hogy meggyógyuljatok:
mert igen hasznos az igaznak buzgóságos könyörgése.
Illés ember volt, hozzánk hasonló természetű;
és imádsággal kéré, hogy ne legyen eső,
és nem volt eső a földön három esztendeig és hat hónapig:
És ismét imádkozott, és az ég esőt adott,
és a föld megtermé az ő gyümölcsét.

Jakab 5,16-18

1. Hitbeli ima, mely meggyógyítja a betegeket

Amikor visszanézünk az életünkre, voltak idők, amikor imádkoztunk a szenvedés közepette, és olyanok is, amikor örültünk, mert megkaptuk Isten válaszait. Máskor másokkal együtt imádkoztunk a szeretteink gyógyulásáért, és megint máskor Istennek dicsőséget adtunk, miután imával sikerült megvalósítanunk azt, ami egyébként emberileg lehetetlen.

A Zsidók 11-ben számos utalás történik a hitre. Az első versben ara emlékeztetnek, hogy *„A hit pedig a reménylett dolgoknak valósága, és a nem látott dolgokról való meggyőződés,"* míg *„Hit nélkül pedig lehetetlen Istennek tetszeni; mert a ki Isten elé járul, hinnie kell, hogy ő létezik és megjutalmazza azokat, a kik őt keresik"* (6. vers).

A hitet „testi hitre" és „spirituális hitre" lehet felosztani. Egyrészt: a testi hit alapján csak akkor hihetünk Isten szavában, ha az megegyezik azzal, amit mi gondolunk. Ez a testi, húsbeli hit nem hoz változást az életünkbe. Másrészt, a spirituális hittel hihetünk az élő Isten hatalmában, valamint az Ő szavában, ahogy van, akkor is, ha nem egyezik meg azzal, amit mi gondolunk. Mivel hiszünk Isten munkájában, aki a semmiből teremt dolgokat, kézzelfogható változásokat tapasztalunk meg a mindennapi életünkben, valamint az Ő csodálatos jeleit és csodáit, és elhisszük, hogy azok számára, akik hisznek, valóban bármi lehetséges.

Ezért mondta ezt Jézus: *"Azokat pedig, a kik hisznek, ilyen jelek követik: az én nevemben ördögöket űznek; új nyelveken szólnak. Kígyókat vesznek föl; és ha valami halálost isznak, meg nem árt nékik: betegekre vetik kezeiket, és meggyógyulnak"* (Márk 16,17-18), *"Jézus pedig monda néki: Ha hiheted azt, minden lehetséges a hívőnek"* (Márk 9,23), és hogy: *"Azért mondom néktek: A mit könyörgéstekben kértek, higyjétek, hogy mindazt megnyeritek, és megleszen néktek"* (Márk 11,24).

Hogyan tudjuk első kézből megtapasztalni Isten hatalmát, és hogyan érhetjük el a spirituális hitet? Mindenekfölött emlékeznünk kell arra, mit mondott Pál apostol a 2 Korinthusiakhoz 10,5-ben: *"Lerontván okoskodásokat és minden magaslatot, a mely Isten ismerete ellen emeltetett, és foglyul ejtvén minden gondolatot, hogy engedelmeskedjék a Krisztusnak."* Nem szabad igaznak hinnünk azt a tudást, amit eddig összeszedtünk. Ehelyett minden gondolatot le kell törnünk, amely megsérti Isten Szavát, engedelmeskednünk kell az Ő szavának, ami az Igazság, és ennek megfelelően kell élnünk. Amennyire le tudjuk bontani a testi gondolatainkat, és el tudjuk a hamisságot tüntetni magunkból, olyan mértékben virágzik majd a lelkünk, és spirituális hittel bírunk majd, amellyel hihetünk.

A spirituális hit a hit mértéke, amit Isten mindannyiunknak adott (Rómaiak 12,3). Miután az evangéliumot prédikálták nekünk, és elfogadtuk Jézus Krisztust, a hitünk oly csekély, mint a mustármag. Ha szorgalmasan járunk az istentiszteletre, meghalljuk istenszavát, és ennek megfelelően élünk, sokkal igazságosabbakká válunk. Sőt, ahogy a hitünk egyre nagyobb lesz, a jelek, amelyek azokat követik, akik hisznek, bennünket is követni fognak.

Amikor valaki a betegek gyógyulásáért imádkozik, akkor a spirituális hitének benne kell lennie az imában. Mivel a centúriónak, akit a Máté 8-ban látunk – és akinek a szolgálója lebénult, és nagyon szenvedett – olyan hite volt, amellyel elhitte, hogy a szolgálója meggyógyul, ha Jézus kimond egy szót, a szolgálója még abban az órában meggyógyult (Máté 8,5-13).

Sőt, amikor a betegekért imádkozunk, a hitünknek merésznek kell lennie, és nem szabad kételkednünk, mivel, ahogy Isten Igéje mondja nekünk: *"De kérje hittel, semmit sem kételkedvén: mert a ki kételkedik, hasonlatos a tenger habjához, a melyet a szél hajt és ide s tova hány. Mert ne vélje az ilyen ember, hogy kaphat valamit az Úrtól"* (Jakab 1,6-7).

Isten elégedett az erős és kitartó hittel, amely nem ingadozik erre-arra, és ha szeretetben egyesülünk, és hittel imádkozunk a betegekért, Isten még nagyszerűbben fog megmutatkozni. Mivel a betegség a bűn eredménye, és Isten a mi Urunk és Gyógyítónk, ha megvalljuk a bűneinket egymásnak, és imádkozunk egymásért, Isten megbocsátást és gyógyulást ad nekünk.

Ha spirituális hittel és szeretettel imádkozol, megtapasztalod Isten nagyszerű munkáját, tanúságot teszel az Úr szeretetéről, és megtiszteled Őt.

2. Egy igazságos ember imája hatalmas és hatékony

A The *Merriam-Webster Dictionary* szerint, az igazságos ember olyan valaki, aki „az isteni vagy erkölcsi törvénynek megfelelően cselekszik, bűntudattól vagy bűntől mentesen." Azonban, a Rómaiak 3,10 ezt mondja: *„A mint meg van írva, hogy nincsen csak egy igaz is."* És Isten ezt mondja: *„Mert nem azok igazak Isten előtt, a kik a törvényt hallgatják, hanem azok fognak megigazulni, a kik a törvényt betöltik"* (Rómaiak 2,13), and *„Annakokáért a törvénynek cselekedeteiből egy test sem igazul meg ő előtte: mert a bűn ismerete a törvény által vagyon"* (Rómaiak 3,20).

A bűn Ádám engedetlensége által jött a világra, aki az első teremtett ember volt, és számtalan embert vár az ítélet az ő bűne miatt (Rómaiak 5,12, 18). Az emberiség számára, aki kiesett az Ő dicsőségéből, az Igén kívül Isten igazsága is megnyilvánult, és még Isten igazsága is eléri azokat, akik hisznek a Jézusba vetett hitük által (Rómaiak 3,21-23).

Mivel az evilági „igazság" minden egyes generáció értékeinek megfelelően váltakozik, nem lehet igazi szabvány igazságosság.

Ezért, ezt olvassuk a Rómaiak 3,28-ban: *„Azt tartjuk tehát, hogy az ember hit által igazul meg, a törvény cselekedetei* *nélkül."* Azonban, a hitünkkel nem nullázzuk le a törvényt, hanem inkább megalapítjuk azt (Rómaiak 3,31).

Ha a hit felszabadít bennünket, a szentség gyümölcsét kell hogy teremjük, mert a bűntől megszabadultunk, és az Isten rabszolgáivá váltunk. Igyekeznünk kell, hogy valóban igazak legyünk, a hamisságot eldobjuk magunktól, mert ez Isten Igéje ellen való, és az Ő Igéje szerint való élet meg az igazság maga.

Azokat az embereket ítéli „igazságosnak" az Isten, akik hitét cselekedet is követi, és akik küzdenek azért, hogy az Ő Igéje szerint élhessenek, minden áldott nap, és az imájukra válaszként megnyilvánul nekik. Hogyan válaszolhatna Isten valakinek, aki jár templomba, de hatalmas bűnfalat épített saját maga és Isten közé, mivel engedetlen volt a szüleivel, ellenkezett a testvéreivel, és rosszat cselekedett?

Isten az igaz ember imáját megerősíti, és hatékonnyá teszi azzal, hogy megadja az imája erejét, mivel ez az ember engedelmeskedett Isten Igéjének, és az Ő Szava szerint élt, és magában hordja az Isten szeretetének bizonyítékát.

Lukács 18,1-18-ban találjuk a kitartó özvegyasszony példázatát. Egy olyan özvegyasszony ő, aki a bíró elé ment, aki nem félt Istentől, és nem tisztelte az embereket. Bár a bíró nem felt Istentől, és az embereket sem tartotta nagyra, végül segített az özvegyen. A bíró ezt mondta magában: *„Jól lehet Istent nem félek és embert nem becsülök; Mindazáltal mivelhogy nékem terhemre van ez az özvegyasszony, megszabadítom őt, hogy*

szüntelen reám járván, ne gyötörjön engem" (4-5. versek).
A példázat végén ezt mondta Jézus: *"Hát az Isten nem áll-é bosszút az ő választottaiért, kik ő hozzá kiáltanak éjjel és nappal, ha hosszútűrő is irántuk? Mondom néktek, hogy bosszút áll értök hamar. Mindazáltal az embernek Fia mikor eljő, avagy talál-é hitet e földön?"* (Lukács 18,7-8)

Ha körülnézünk, látni fogjuk, hogy vannak emberek, akik azt vallják, hogy Isten gyerekei, éjjel-nappal imádkoznak, és gyakran böjtölnek, de nem kapnak válaszokat Tőle. Az ilyen embereknek rá kell jönniük, hogy Isten színe előtt még nem igazak ők.

A Filippiek 4,6-7 ezt mondja nekünk: *"Semmi felől ne aggódjatok, hanem imádságotokban és könyörgéstekben minden alkalommal hálaadással tárjátok fel kívánságaitokat az Isten előtt. És az Istennek békessége, mely minden értelmet felül halad, meg fogja őrizni szíveiteket és gondolataitokat a Krisztus Jézusban."* Attól függően, hogy mennyire vált „igazzá" valaki Isten előtt, és imádkozik hitben és szeretetben, annak a mértéke, hogy mennyire kap válaszokat Istentől, nagyon változó. Miután megkapta az igaz ember minősítést, és imádkozik, hamar kaphat válaszokat Istentől, és dicsőséget adhat Neki. Ezért, nagyon fontos az emberek számára, hogy lebontsák a bűnfalat saját maguk és Isten között, érjék el, hogy Isten „igaznak" minősítse őket, és komolyan imádkozzanak hitben és szeretetben.

3. Ajándék és hatalom

Az „ajándékokat" Isten ingyen adja, és az Ő speciális gondoskodását jelenti, a Szeretetéből kifolyólag. Minél többet imádkozik valaki, annál jobban keresi és kívánja Isten ajándékát. Azonban néha előfordulhat, hogy a bűnös kívánságai miatt kér egy ajándékot. Ezzel pusztulást hoz magára, és mivel ez nem helyes Isten szemében, védekeznünk kell ez ellen.

A Cselekedetek 8-ban van egy varázsló, Simon, aki – miután Fülöp elmondta neki az evangélium hírét – mindenhová követte Fülöpöt, és csodálkozva nézte a nagyszerű jeleket és csodákat, amiket látott (9-13. versek). Amikor látta Simon, hogy Péter és János apostolok kézrátétele után a Szentlélek megszállta az embereket, pénzt ajánlott az apostoloknak, és megkérte őket: *„Adjátok nékem is ezt a hatalmat, hogy valakire vetem kezeimet, Szent Lelket vegyen"* (17-19. versek). Feleletként Péter megfeddte Simont: *„A te pénzed veled együtt veszszen el, mivel azt gondoltad, hogy az Istennek ajándéka pénzen megvehető. Nincsen néked részed, sem örökséged e dologban, mert a te szíved nem igaz az Isten előtt. Térj meg azért ezen gonoszságodból, és kérjed az Istent, ha talán megbocsáttatik néked szívednek gondolatja. Mert látom, hogy te keserűséges méregben és álnokságnak kötelékében leledzel"* (20-23. versek).

Mivel az ajándékok azoknak járnak, akik az élő Istent

mutatják, és megmentik az emberiséget, a Szentlélek felügyelete alatt kell ezeknek megnyilvánulniuk. Ily módon, mielőtt Istent arra kérjük, hogy ajándékozzon meg bennünket, először el kell érnünk, hogy igaznak tekintsen bennünket.

Miután a lelkünk kivirágzott, és olyan eszközzé alakultunk, amelyet Isten fel tud használni, Ő megengedi nekünk, hogy további ajándékokat kérjünk a Szentlélek inspirációjából, és megadja nekünk azokat az ajándékokat, amelyeket kérünk.

Tudjuk, hogy a hit ősatyjait Isten különböző célokra használta fel. Néhányan nagy mértékben kinyilvánították isten hatalmát, mások csak próféciákat mondtak anélkül, hogy Isten hatalmát kinyilvánították volna, megint mások csak tanították az embereket. Minél teljesebb hitet és szeretetet mutattak, annál nagyobb hatalmat adott nekik Isten, és megengedte nekik, hogy jobb cselekedeteket hajtsanak végre.

Amikor egyiptomi hercegként élt, Mózes temperamentuma olyan heves volt, hogy egy pillanat alatt megölt egy egyiptomit, aki rosszul bánt a zsidó társaival (Exodus 2,12). Sok megpróbáltatás után Mózes nagyon alázatos emberré vált, mindenki másnál sokkal alázatosabb, és nagy hatalmat kapott. Kivezette az izraelitákat Egyiptomból úgy, hogy különböző jeleket és csodákat mutatott (Számok 12,3).

Illés próféta imáját is ismerjük, ahogy azt látjuk Jakab 5,17-18-ben: *„Illés ember volt, hozzánk hasonló természetű; és imádsággal kéré, hogy ne legyen eső, és nem volt eső a földön* *három esztendeig és hat hónapig: És ismét imádkozott, és az ég esőt adott, és a föld megtermé az ő gyümölcsét."*

Amint láttuk, és amint a Biblia is elmondja nekünk, egy igaz ember imája nagyon erős és hatalmas lehet. Egy igaz ember ereje és hatalma kiváló. Míg létezik egy olyan fajta ima, amellyel az emberek még több óra ima után sem tudják Isten válaszait megkapni, van egy olyan ima is, ami nagy erejű, és lehozza az Ő válaszait, valamint a hatalmát is megnyilvánítja. Isten rendkívüli módon örül, és elfogadja a szeretet, hit és önfeláldozás imáját, és megengedi az embereknek, hogy dicsőséget adjanak Neki számos ajándék, és az erő által, amit Tőle kapnak.

Azonban, a kezdettől fogva nem voltunk igazságosak, csak miután elfogadtuk a Jézus Krisztust, és a hitben igazságosak lettünk. Igazságosak olyan mértékben leszünk, amennyire meghallottuk az Ő szavát, és rájöttünk a bűnünkre, eldobtuk a hamisságot magunktól, és a lelkünk virágzik. Továbbá, mivel igazságosabbak leszünk, ha a fényben élünk és járunk, a mindennapjainkat megváltoztatja Isten, hogy mi is azt valljuk, amit Pál apostol vallott: *„Minden nap meghalok"* (1 Korinthusiak 15,31).

Mindannyiatokat arra biztatlak, hogy nézzetek vissza az életetekre egészen a mostani pillanatig, és vizsgáljátok meg: nincs-e köztetek és isten között egy fal, és amennyiben van, döntsétek le azt, késedelem nélkül.

Azt kívánom: hittel engedelmeskedjetek mindannyian, áldozzatok a szeretetben, és imádkozzatok, mint egy igaz ember, hogy igaznak nyilvánítsatok benneteket, megkaphassátok az Ő áldásait mindenben, és Istennek dicsőséget adhassatok fenntartások nélkül, az Úr nevében imádkozom!

Hatodik fejezet

Az ima nagy ereje az egyetértésben

Ismét, mondom néktek,
hogy ha ketten közületek egy akaraton lesznek
a földön minden dolog felől,
a mit csak kérnek, megadja nékik
az én mennyei Atyám.
Mert a hol ketten vagy hárman egybegyűlnek
az én nevemben, ott vagyok közöttük.

Máté 18,19-20

1. Isten elégedett, ha az imát egyetértésben mondjuk el

Egy koreai szólásmondás ezt mondja: "Jobb közösen felemelni, még egy papírlapot is." Ahelyett, hogy elszigeteljük magunkat, és mindent magunk akarunk megoldani, ez a nagyon régi mondás azt tanítja nekünk, hogy ha két vagy több ember dolgozik együtt, a hatékonyság nő, és jobb eredmény várható. A kereszténység, amely a szomszédok szeretetét és a templomi közösséget hangsúlyozza, ennek a jó példája kell hogy legyen.

A prédikátorok könyve 4,9-12 ezt mondja nekünk: *"Sokkal jobban van dolga a kettőnek, hogynem az egynek; mert azoknak jó jutalmok vala az ő munkájokból. Mert ha elesnek is, az egyik felemeli a társát. Jaj pedig az egyedülvalónak, ha elesik, és nincsen, a ki őt felemelje. Hogyha együtt feküsznek is ketten, megmelegszenek; az egyedülvaló pedig mimódon melegedhetik meg? Ha az egyiket megtámadja is valaki, ketten ellene állhatnak annak; és a hármas kötél nem hamar szakad el."* Ezek a versek azt tanítják nekünk, hogy ha az emberek egyesülnek és együttműködnek, nagy hatalom és öröm keletkezik.

Ugyanakkor, a Máté 18,19-20 része azt mondja nekünk, hogy nagyon fontos, hogy a hívük összegyűljenek, és egyetértésben imádkozzanak. Létezik az "egyéni ima," amellyel az emberek a saját gondjaik miatt imádkoznak, egyéni szinten, vagy imádkoznak, amikor az Igén meditálnak a csendes idejükben, és az "egyetértés imája," amely során több ember összegyűl, és Istenhez kiált.

Ahogy Jézus mondja: „Ha ketten közületek egyetértetek a földön," és „ahol ketten vagy hárman összegyűlnek az én nevemben," az egyetértésben történt ima sokak imájára vonatkozik, egyetlen elmeként. Isten azt mondja nekünk, hogy tetszik Neki, ha egyetértésben imádkozunk, és megígéri nekünk, hogy bármit meg fog tenni, amit kérünk, és megjelenik, ha két vagy három ember összegyűl az Ő nevében.

Hogyan adhatunk dicsőséget Istennek, az Általa kapott válaszokkal, imával, egyetértésben otthon és a templomban, a csoportunkon keresztül? Nézzük meg az egyetértésben történő ima jelentőségét és módszereit, és készítsünk kenyeret a hatalmából, hogy mindent megkapjunk Istentől, ahogy imádkozunk a királyságáért, igazságáért, templomáért, és nagyban tiszteljük Őt.

2. Az egyetértésben történő ima jelentősége

Ennek a fejezetnek az első verseiben Jézus ezt mondja nekünk: „*Ismét, mondom néktek, hogy ha ketten közületek egy akaraton lesznek a földön minden dolog felől, a mit csak kérnek, megadja nékik az én mennyei Atyám*" (Máté 18,19). Itt találunk valamit, ami egy kissé furcsa. Ahelyett, hogy „egy személyről" beszélne, vagy „három emberről," vagy „két vagy több emberről," miért mondta ezt Jézus: „hogy ha ketten közületek egy akaraton lesznek a földön minden dolog felől" – és miért van hangsúly a „két emberen"?

„Ketten közületek" itt – relatív értelemben – mindannyiunkra vonatkozik: „én," és a többi emberre. Más szavakkal, „ketten közületek" egy személyre, tízre, százra vagy ezer emberre vonatkozhat, saját magunkon kívül.

Mi a spirituális jelentősége a „ketten közületeknek"? Megvan a „saját magunk," és bennünk lakik a Szentlélek is, a saját maga karakterével. Amint a Rómaiak 8,26-ban olvassuk: *„Hasonlatosképen pedig a Lélek is segítségére van a mi erőtelenségünknek. Mert azt, a mit kérnünk kell, a mint kellene, nem tudjuk; de maga a Lélek esedezik mi érettünk kimondhatatlan fohászkodásokkal,"* a Szentlélek, aki Maga lép közbe az érdekünkben, olyan templomot épít a szívünkben, amelyben lakni tudunk.

Isten gyermekeiként megkapjuk a nekünk járó tekintélyt, amikor elkezdünk hinni Benne, és elfogadjuk Jézus Krisztust, mint Megmentőt. A Szentlélek eljön, és feléleszti a szellemünket, amely halott volt az eredeti bűnünk miatt. Ezért, Isten minden gyermekében ott van az ő szíve, valamin a Szentlélek a saját jellemével.

„Két ember a földön" a saját szívünk imáját jelenti, amely a Szentlélek közbenjárása (1 Korinthusiak 14,15; Rómaiak 8,26). Azt mondani, hogy „két ember a földön egyetért abban, hogy mit kérnek" azt jelenti, hogy ezt a két imát egyetértésben ajánlják fel Istennek. Továbbá, amikor a Szentlélek egyesül egy személlyel az imájában, vagy két vagy több ember az imájukban, akkor „kettőtöknek" kell egyetérteni bármiben, amit kértek a földön. Azzal, hogy emlékezünk az egyetértésben történő ima jelentőségére, megtapasztaljuk az Úr ígéretének beteljesülését *„Ismét, mondom néktek, hogy ha ketten közületek egy akaraton lesznek a földön minden dolog felől, a mit csak kérnek, megadja nékik az én mennyei Atyám"* (Máté 18,19).

3. Az egyetértésben történt ima módszerei

Isten örömmel fogadja az egyetértésben történő imát, és gyorsan válaszol rá, és megnyilvánul az Ő nagy munkája, mivel az emberek egy emberként imádkoznak Hozzá.

Túláradó öröm forrása lesz, béke és Isten iránt érzett végtelen hála forrása is, ha mindannyian együtt imádkozunk a Szentlélekkel. Képesek leszünk a „tűz válaszát" lehozni, és feltétel nélkül képesek leszünk az élő Isten tanúságát hirdetni.

„Egy szívvé" válni nem egyszerű feladat, és a szívünket elvezetni oda, hogy egyetértés legyen, nem egyszerű, valamint nagyon nagy jelentőséggel bír.

Tegyük fel, hogy egy szolgának két ura van. Nem lesz a szíve, hűsége természetesen megosztott? A probléma még súlyosabbá válik, ha a szolga két urának teljesen más személyisége és ízlése van.

Tegyük fel, hogy két ember összejön, hogy eltervezzen egy eseményt. Ha nem ugyanazt gondolják, hanem megosztottak a saját gondolataik miatt, azt gondolhatnánk, hogy nem mennek jól a dolgaik. Sőt, ha ketten két különböző céllal a szívükben láttak neki a munkának, lehet, hogy látszólag jól mennek a dolgok, de a végeredmény nem lehetne egyértelműbb. Ezért, az a képesség, hogy egy szívvel bírjunk – függetlenül attól, hogy egyedül, valaki mással, vagy több mint két emberrel imádkozunk – a kulcs Isten válaszaihoz.

Hogyan válhatunk az imában egy szívvé?

Az egyetértésben imádkozók a Szentlélek inspirációjában kell hogy imádkozzanak, a Szentlélek el kell hogy „rabolja" őket, eggyé kell válniuk a Szentlélekben, és a Szentlélekben kell imádkozniuk (Efezusiak 6,18). Mivel a Szentlélek magában hordja Isten elméjét, minden dolgot felkutat, még isten mélységeit is (1 Korinthusiak 2,10), és Isten akarata szerint közbenjár értünk (Rómaiak 8,27). Ha úgy imádkozunk, ahogy a Szentlélek vezeti az elménket, Isten elégedetten elfogadja az imánkat, bármit megad, amit kérünk, és még a szívünk kívánságait is megválaszolja.

Annak érdekében, hogy a Szentlélek teljességében imádkozzunk, kételyek nélkül kell hinnünk isten Igéjében, egyet kell értenünk az igazságban, örökké örülnünk kell, állandóan imádkoznunk kell, és minden körülmény között hálásnak kell maradnunk. Istenhez kell kiáltanunk, szívünkből. Ha Istennek olyan hitet mutatunk, amelyet cselekedetek követnek, és az imában birkózunk, Isten elégedett lesz, és a Szentlélek által örömöt okoz nekünk. Ez az, amikor „eltelünk" a Szentlélekkel, és a Szentlélek „inspirál" bennünket.

Az új hívők, vagy azok, akik nem imádkoztak rendszeresen, nem kapták még meg az ima hatalmát, ezért az egyetértésben történő imát nehéznek találják. Ha az ilyen egyének megpróbálnak egy órán át imádkozni, mindenféle imatémával előjönnek, de nem képesek egy teljes órán át imádkozni. Fáradtak lesznek, várják, hogy az idő minél hamarabb elteljen, végül imában gagyognak. Az ilyen ima a „lélek imája," amelyre Isten nem tud válaszolni.

Számos embernek, még ha nem is jártak templomba egy évtizeden át, az ima a lélek tápláléka. Mivel a legtöbb ember elkedvetlenedik, ha nem kap választ Istentől, továbbra sem kaphat válaszokat, mivel az imájuk csak a lélek imája. Nem mondhatjuk, hogy Isten hátat fordított az imájuknak. Isten meghallja az imájukat, de nem tud válaszolni rá.

Lehet, hogy néhányan ezt kérdik: „Ez azt jelenti, hogy nincs értelme imádkozni, mivel a Szentlélek inspirációja nélkül imádkozunk?" Nem ez a helyzet. Ha csak a gondolataikban imádkoznak, mivel szorgalmasan kiáltanak fel Istenhez, az ima kapui ki fognak nyílni, és megkapják az ima hatalmát, és a szellemükkel fognak imádkozni. Ima nélkül az imakapuk nem nyílhatnak ki. Mivel Isten a lélek imáját is meghallja, ha az ima kapui kinyílnak, egyesülhetsz a Szentlélekkel, és a Szentlélek inspirációjában imádkozhatsz, és kaphatsz válaszokat az imáidra, amelyeket a múltban mondtál.

Tegyük fel, hogy van egy fiú, aki nem tett az apja kedvére. Mivel a fiú nem tudott az apa kedvére tenni a cselekedetével, semmit nem kérhet az apjától. Azonban, egy nap a fiú elkezdett a cselekedeteivel az apja kedvére tenni, és az apa kezdte úgy látni, hogy a fiú szíve ugyanolyan, mint az övé. Hogyan kezdett az apa a fiával bánni? Emlékezz, hogy a kapcsolatuk már nem olyan volt, amilyen a múltban. Az apa mindent meg akart adni a fiúnak, amit az kért, és a fiú ily módon azt is megkapta, amit a múltban kért.

Ugyanígy, ha az imánk a gondoltunkból jön csak, ha felgyülemlett, megkapjuk az ima hatalmát, és oly módon fogunk imádkozni, ami tetszik Istennek, mivel az ima kapui megnyílnak előttünk. Azokat a dolgokat is megkapjuk, amelyeket a múltban kértünk Istentől, és rá fogunk jönni, hogy Ő még egy triviális kis imarészletünket sem hagyta ki, mindent meghallgatott.

Sőt, ha teljes szellemünkkel a Szentlélek teljességében imádkozunk, nem leszünk fáradtak, és nem adjuk meg magunkat az alvásnak, vagy a világi gondolatoknak, hanem hittel fogunk imádkozni, örömmel. Ez az, ahogy egy embercsapat képes egyetértésben imádkozni a szellemben, szeretetben, egy elmével és egy akarattal.

A második versében ennek a fejezetnek ezt olvassuk: „*Mert a hol ketten vagy hárman egybegyűlnek az én nevemben, ott vagyok közöttük*" (Máté 18,20). Ha a fiatalok összegyűlnek, hogy a Jézus Krisztus nevében imádkozzanak, Isten gyermekei, akiket a Szentlélek megszállt, lényegében egyetértésben imádkoznak, és az Urunk biztosan ott lesz, ahol ők vannak. Más szavakkal, amikor egy csoport ember, akit a Szentlélek megszállt, összegyűl, és egyetértésben imádkozik, az Urunk mindenikük elméjét látja, egyesíti őket a Szentlélek által, és elvezeti őket egy állapotba, ahol egyek lehetnek az elméjükben, hogy az imájuk tessen Istennek.

Azonban, ha egy csoport ember nem tud összegyűlni, és egy szívvé válni, a csoport nem tud egyetértésben imádkozni, vagy a szívük mélyéről imádkozni, akkor sem, ha egyetlen célért imádkoznak, mert a tagok szíve nem egyezik egymással. Ha a résztvevő emberek szíve nem egyesülhet egyként, a vezető egy bűnbánati és dicsérő időt kell hogy kijelöljön, hogy a résztvevő emberek szíve eggyé válhasson a Szentlélekben.

Az Urunk az imádkozó emberekkel lesz, amikor eggyé válnak a Szentlélekben, mivel Ő látja és vezeti mindenikőjük szívét. Ha az emberek imája nem egyezik, meg kell érteni, hogy az Urunk nem lehet az ilyen személyekkel.

Ha az emberek eggyé válnak a Szentlélekben és imádkoznak, mindenki a szívéből fog imádkozni, eltölti a Szentlélek, a teste izzadni fog, és Isten válaszaiban biztos lesz, ahogy egy örömszellő fentről eléri őket, és körülöleli őket. Az Urunk azokkal az emberekkel lesz, akik ily módon imádkoznak, és az ilyen ima pontosan az, amely Isten kedvére való.

Azzal, hogy a Szentlélek teljességében, egyetértésben, és a szívünk mélyéről imádkozunk, remélem, mindannyian megkaptok bármit, amit kértek az imában, ily módon dicsőséget adtok Istennek, amikor másokkal összegyűltök a csoportotokból, otthon vagy a templomban.

Az egyetértésben történő ima nagy hatalma

Az egyetértésben történő ima egyik nagy előnye, hogy az emberek más sebességgel kapnak válaszokat, és más munkákat nyilvánít ki Ő, mivel nagy különbség van például egy harmincperces imában, egy kérésre irányítva, és tíz ember imájában, ugyanazzal a kéréssel. Amikor az emberek egyetértésben imádkoznak, és Isten örömmel elfogadja az imájukat, meg fogják tapasztalni Isten munkájának tagadhatatlanságát, és az imájuk nagy hatalmát.

A Cselekedetek 1,12-15-ben azt látjuk, hogy – miután az Úr feltámadt és felment a mennybe – egy csapat ember, beleértve a Tanítványait is, egybegyűlt, és állandóan imádkozott. Az emberek száma ebben a csoportban körülbelül százhúsz volt. Mivel komolyan remélték, hogy a Szentlélek megszállja őket, ahogy Jézus ígérte, ezek az emberek azért gyűltek össze, hogy együtt imádkozzanak Pünkösdig.

És mikor a pünkösd napja eljött, mindnyájan egyakarattal együtt valának. És lőn nagy hirtelenséggel az égből mintegy sebesen zúgó szélnek zendülése, és eltelé az egész házat, a hol ülnek vala. És megjelentek előttük kettős tüzes nyelvek és üle mindenikre azok közül. És megtelének mindnyájan Szent Lélekkel, és kezdének szólni más nyelveken, a mint a Lélek adta nékik szólniok (Apostolok cselekedetei 2,1-4).

Mennyire csodás Isten munkája! Ahogy egyetértésben imádkoztak, mindannyian az összegyűlt százhúsz emberből megkapták a Szentlelket, és elkezdtek nyelveken beszélni. Az apostolok is nagy hatalmat kaptak Istentől, így az emberek száma, akik elfogadták Jézus Krisztust Péteren üzenetén keresztül, és megkereszteltkedtek, majdnem háromezer volt (Cselekedetek 2,41). Mivel mindenféle csoda és jel megnyilvánult az apostolok által, a hívők száma napról napra nőtt, és a hívők élete is elkezdett megváltozni (Apostolok cselekedetei 2,43-47).

Mikor pedig látták Péternek és Jánosnak a szólásban való bátorságukat, és megértették, hogy írástudatlan és közönséges emberek, csodálkoznak vala; meg is ismerék őket, hogy a Jézussal voltak vala. Mikor azonban látták, hogy a mely ember meggyógyult vala, ő velök együtt ott áll, semmit nem bírtak ellenök szólni (Apostolok cselekedetei 4,13-14).

Az apostolok kezei által pedig sok jel és csoda lőn a nép között; és egyakarattal mindnyájan a Salamon tornáczában valának. Egyebek közül pedig senki sem mert közéjük elegyedni: hanem a nép magasztalá őket; Hívők pedig mindinkább csatlakoztak az Úrhoz, úgy férfiaknak, mint asszonyoknak sokasága. Úgyannyira, hogy az utczákra hozák ki a betegeket, és letevék ágyakon és nyoszolyákon, hogy az arra menő Péternek csak árnyéka is érje valamelyiket közülök, És a szomszéd városok sokasága is Jeruzsálembe gyűlt, hozva betegeket és tisztátalan lelkektől gyötretteket: kik mind meggyógyulának (Apostolok cselekedetei 5,12-16).

Az egyetértésben történt ima hatalma által az apostolok képesek voltak bátran prédikálni az Igét, meggyógyítani a vakokat, bénákat, gyengéket, a holtakat feltámasztani, a betegeket meggyógyítani, és a gonosz szellemeket kivezetni.

A következő Péter története, aki Heródes (Agrippa I) idején börtönben volt. Ekkor a keresztényeket üldözték. Az Apostolok

12,5-ben ezt találjuk: *"Péter azért őrizteték a fogságban; a gyülekezet pedig szüntelen könyörög vala az Istennek ő érette."* Amíg Péter aludt, két lánccal lekötve, a templom egyetértésben imádkozott Péterért. Miután Isten meghallotta az imát, küldött egy angyalt, hogy megmentse Pétert.

Mielőtt Heródes a bíróság elé vitte volna Pétert, azelőtt este Péter aludt leláncolva, és az őrök az ajtajánál álltak (Apostolok 12,6). Azonban, Isten kinyilvánította az Ő hatalmát úgy, hogy a láncokat kiláncolta, és a börtön vaskapuját magától kinyitotta (Apostolok 12,7-10). Amikor Mária, János anyjának házához megérkezett, Péter azt látta, hogy nagyon sok ember együtt imádkozik (Apostolok 12,12). Ez a csodálatos esemény, munka a templom tagjainak közös imája által volt lehetséges.

A templom egyetértésben imádkozott az elfogott Péterért. Hasonlóan, ha gondok környékeznek egy templomot, vagy ha betegség csapása éri a híveket, ahelyett, hogy emberi gondolkodással és aggodalommal élnének, Isten gyermekeinek el kell hinniük, hogy Ő meg fog oldani minden gondot, és egy elmeként össze kell gyűlniük, hogy egyetértésben imádkozhassanak.

Isten nagy érdeklődést mutat a templomok egyetértésben elmondott imái iránt, örömét leli ebben, és ezeket az imákat az Ő csodálatos munkáival válaszolja meg. El tudod képzelni, milyen örömteli lesz Isten, ha látja, hogy a Gyermekei egyetértésben imádkoznak, az Ő királyságáért és igazságáért?

Ahogy az embereket megszállja a Szentlélek, és eltelnek Vele, amikor egyetértésben imádkoznak, meg fogják tapasztalni Isten nagy munkáját. Megkapják a hatalmat, hogy Isten Igéje szerint éljenek, tanúságot tegyenek az Élő Istenről, ahogy a korai templomok és apostolok tették, kiterjesszék Isten királyságát, és bármit megkapjanak, amit kérnek.

Kérlek emlékezz, hogy az Istenünk megígérte nekünk, hogy válaszol nekünk, ha egyetértésben imádkozunk Hozzá. Azt kívánom: alaposan értsétek meg mindannyian az egyetértésben történő ima jelentőségét, és buzgón találkozzatok azokkal, akik a Jézus Krisztus nevében imádkoznak, hogy meglegyen a tapasztalatotok az egyetértő imával kapcsolatban, megkapjátok az ima hatalmát, és értékes munkássá váljatok, akik az élő Istenről tanúbizonyságot tesznek, az Úr nevében imádkozom ezért!

Hetedik fejezet

Mindig imádkozz, és soha ne add fel

Monda pedig nékik példázatot is arról,
hogy mindig imádkozni kell, és meg nem restülni;

Mondván: Volt egy bíró egy városban,
a ki Istent nem félt és embert nem becsült.
Volt pedig abban a városban egy özvegyasszony,
és elméne ahhoz, mondván:
Állj bosszút értem az én ellenségemen.
Az pedig nem akará egy ideig; de azután monda ő magában:
Jól lehet Istent nem félek és embert nem becsülök;
Mindazáltal mivelhogy nékem terhemre
van ez az özvegyasszony, megszabadítom őt,
hogy szüntelen reám járván, ne gyötörjön engem.

Monda pedig az Úr: Halljátok, mit mond e hamis bíró!
Hát az Isten nem áll-é bosszút az ő választottaiért,
kik ő hozzá kiáltanak éjjel és nappal, ha hosszútűrő is irántuk?
Mondom néktek, hogy bosszút áll értök hamar.

Lukács 18,1-8

1. A kitartó özvegy példázata

Amikor Jézus megtanította Isten Igéjét a tömegnek, nem beszélt hozzájuk példázat nélkül (Márk 4,33-34). „A kitartó özvegyasszony példázata," amelyen a jelen fejezet alapszik, rávilágít a kitartó ima szükségességére, arra: hogyan imádkozzunk állandóan, és hogy ne adjuk fel soha.

Mennyire kitartóan imádkozol azért, hogy Isten válaszait megkapd? Szünetet tartasz az imában, vagy feladtad, mert Istennek még meg kell válaszolnia az imádat?

Az életben számtalan probléma van, kis és nagy egyaránt. Amikor evangelizáljuk az embereket, és mesélünk nekik az élő Istenről, néhányan, akik keresik Istent, elkezdenek templomba járni, hogy a gondjaik megoldódjanak, míg mások csak a szívükben találnak vigaszt.

Függetlenül az októl, amiért az emberek elkezdtek templomba járni, ahogy Istent imádják, és elfogadják Jézus Krisztust, megtanulják, hogy őt, mint Isten gyermekei, bármit megkaphatnak, mint Isten gyermekei, és ima-emberekké válhatnak.

Ily módon, Isten minden gyermekének tanulni kell az Ige által, meg kell tanulnia azt a fajta imát, amely tetszik Neki, az imádkozás alaptörvényei szerint, és olyan hittel kell rendelkezniük, amellyel megtartják magukat, és addig képesek imádkozni, amíg a válasz meg nem jön. Istentől. Ezért a hívő emberek tudatában vannak az ima fontosságának, és szokás szerint imádkoznak. Nem követik el az ima nélküli élet hibáját, akkor sem, ha nem kapnak azonnali választ. Ahelyett, hogy feladnák, még buzgóbban imádkoznak. Csak ilyen hittel kaphatnak az emberek válaszokat, és adhatnak dicsőséget Neki. Azonban, annak ellenére, hogy sokan azt mondják: hisznek, nehéz olyan embereket találni, akiknek a hite ilyen nagy. Ezért kérdezi ezt az Urunk: *"Mindazáltal az embernek Fia mikor eljő, avagy talál-é hitet e földön?"* (Lukács 18,8)

Egy bizonyos városban volt egy erkölcstelen bíró, akihez egy özvegyasszony eljött állandóan, és így könyörgött: „Adj törvényes védelmet az ellenfelemmel szemben." Ez a korrupt bíró lefizetést várt, de az özvegyasszony még egy kis ajándékot sem tudott megengedni magának, hogy a bírónak adja. Ennek ellenére az özvegyasszony továbbra is elment a bíróhoz, kérlelte őt, és a bíró állandóan elutasította a kérését. Aztán egy napon, megváltoztatta a véleményét. Tudod, miért? Hallgasd meg, mit mondott ez az erkölcstelen bíró magának:

„Jól lehet Istent nem félek és embert nem becsülök; Mindazáltal mivelhogy nékem terhemre van ez az özvegyasszony, megszabadítom őt, hogy szüntelen reám járván, ne gyötörjön engem" (Lukács 18,4-5).

Mivel az özvegyasszony soha nem adta fel, és állandóan

elment kérni, még ez a gonosz bíra sem tehetett mást, mint bedőlni a kívánságának, mert annyit zavarta.

Ennek a tanmesének a végén, amelyet Jézus azért adott meg, hogy megkapjuk általa a kulcsot Isten válaszaihoz, Ő ezt mondta: *"Halljátok, mit mond e hamis bíró! Hát az Isten nem áll-é bosszút az ő választottaiért, kik ő hozzá kiáltanak éjjel és nappal, ha hosszútűrő is irántuk? Mondom néktek, hogy bosszút áll értök hamar"* (6-8. versek).

Ha egy erkölcstelen bíró meghallgatja egy özvegy könyörgését, miért ne hallaná meg Isten, ha az Ő gyermekei Hozzá kiáltanak? Ha megfogadják, hogy választ kapnak egy problémára, böjtölnek, egész éjjel fennmaradnak, és az imával birkóznak, hogy ne válaszolna nekik Isten hamar? Biztos vagyok benne, hogy hallottatok olyan esetekről, amikor az emberek megkapták az Ő válaszait egy fogadott ima ideje alatt.

Az 50,15 Zsoltárban Isten ezt mondja nekünk: *"És hívj segítségül engem a nyomorúság idején, én megszabadítlak téged és te dicsőítesz engem."* Más szavakkal, Isten azt akarja, hogy Őt tiszteljük, és megválaszolja az imánkat. Jézus erre emlékeztet a Máté 7,11-ben: *"Ha azért ti gonosz létetekre tudtok a ti fiaitoknak jó ajándékokat adni, mennyivel inkább ád a ti mennyei Atyátok jókat azoknak, a kik kérnek tőle?!"* Hogyan ne válaszolná meg Isten, aki fenntartás nélkül adta nekünk az egyetlen fiát, hogy értünk meghaljon, a szeretett gyermekei imáját? Isten azt kívánja, hogy gyors válaszokat adjon a Gyermekeinek, akik szeretik Őt.

Miért mondják mégis olyan sokan, hogy nem kapnak választ Tőle, bár sokat imádkoznak? Isten Igéje pontosan ezt mondja nekünk a Máté 7,7-8-ban: *„Kérjetek és adatik néktek; keressetek és találtok; zörgessetek és megnyittatik néktek. Mert a ki kér, mind kap; és a ki keres, talál; és a zörgetőnek megnyittatik."* Ezért lehetetlen, hogy az imánk ne találjon válaszra. Ennek ellenére, Isten nem tud választ adni, mert fal van köztünk és Közte, mivel nem imádkoztunk eleget, vagy mert nem jött el az idő, hogy a válaszokat megkapjuk Tőle.

Állandóan imádkoznunk kell, nem szabad feladnunk, mert ha kitartóan imádkozunk, hittel, a Szentlélek letöri a falat, amely Isten és közöttünk van, és megnyitja az utat Isten válaszainak a bűnbánat által. Amikor Isten szemében elégnek tűnik az imánk, bizonyára választ ad nekünk.

Lukács 11,5-8-ban Jézus ismét a kitartást és alkalmatlankodást tanítja nekünk:

És monda nékik: Ki az közületek, a kinek barátja van, és ahhoz megy éjfélkor, és ezt mondja néki: Barátom, adj nékem kölcsön három kenyeret, Mert az én barátom én hozzám jött az útról, és nincs mit adjak ennie; Az pedig onnét belőlről felelvén, ezt mondaná: Ne bánts engem: immár az ajtó be van zárva, és az én gyermekeim velem vannak az ágyban; nem kelhetek fel, és nem adhatok néked? Mondom néktek, ha azért nem fog is felkelni és adni néki, mert az barátja, de annak tolakodása miatt felkél és ád néki, a mennyi kell.

Jézus azt tanítja nekünk, hogy Isten nem utasítja el, hanem megválaszolja a Gyermekei alkalmatlankodásait. Amikor Istenhez imádkozunk, bátran és kitartóan kell imádkoznunk. Nem azt jelenti, hogy kérünk, követelünk, hanem a hit biztonságával imádkozunk és kérünk. A Biblia gyakran említ sok ősatyát a hitben, akik választ kaptak az ilyen imájukra.

Miután Jakab egy angyallal birkózott a Jabok folyónál hajnalig, komolyan imádkozott, és erősen kérte az áldást, mondván: *„Nem engedlek el, ha nem áldasz meg engem"* (Genezis 32,26), és Isten megengedte az áldást Jákobnak. Ettől a perctől kezdve Jákobot „Izraelnek" hívták, és ő lett az izraeliták ősatyja.

Máté 15-ben egy kánaáni asszony, akinek a lányát démon szállta meg, odajött Jézushoz, és ezt kiáltotta Neki: *„ Uram, Dávidnak fia, könyörülj rajtam! az én leányom az ördögtől gonoszul gyötörtetik."* Azonban Jézus nem szólt egy szót sem (Máté 15,22-23). Amikor a nő másodszor jött, letérdelt Elé, és kérte Őt, Jézus egyszerűen ezt mondta: *„Nem küldettem, csak az Izráel házának elveszett juhaihoz,"* és elutasította a nő kívánságát (Máté 15,25-26). Amikor a nő még egyszer alkalmatlankodott Jézusnál, *„ Úgy van, Uram; de hiszen az* *ebek is esznek a morzsalékokból, a mik az ő uroknak asztaláról aláhullanak."* Jézus ezt mondta neki: *„Óh asszony, nagy a te hited! Legyen néked a te akaratod szerint"* (Máté 15,27-28).

Hasonlóan, csak a hitbeli elődeink lábnyomát kell követnünk, az Isten Igéje szerint, és mindig imádkoznunk kell. És hittel kell tennünk, magabiztosan, buzgó szívvel. Hittel az Istenünkben, aki megengedi, hogy a megfelelő időben arassunk, Krisztus igaz követőivé kell válnunk, és nem szabad az imaéletünkben soha feladnunk az imát.

2. Állandóan imádkoznunk kell

Ahogy az ember képtelen lélegzés nélkül az életre, Isten gyermekei, akiket megszállt a Szentlélek, nem érhetik el az örök életet imádkozás nélkül. Az ima egy párbeszéd az élő Istennel, és a szellemünk lélegzete. Ha Isten gyermekei – akiket a Szentlélek megszállt – nem kommunikálnak Vele, kioltják a Szentlélek tüzét, és nem lesznek az élet ösvényén gyalogolni, hanem elmennek a halál útjának irányába, és végül nem üdvözülnek.

Mivel az ima kommunikációt képez Istennel, elérjük az üdvösséget, ahogy meghalljuk a Szentlélek hangját, és Isten akarata szerint fogunk élni és tanulni. Ha gond jön az utunkba, Isten megmutatja, hogyan kerüljük el. A javunkra fog mindenben dolgozni. Az imánkkal meg fogjuk tapasztalni a Mindenható Isten hatalmát, aki megerősít bennünket, hogy legyőzzük az ellenséges ördögöt, ezzel dicsőséget adva Neki a kitartó hitünkkel, amely a lehetetlenből lehetségest alakít.

Ily módon a Biblia azt parancsolja nekünk, hogy vég néllkül imádkozzunk (1 Tesszalonikai 5,17), és ez „Isten akarata" (1 Tesszalonikai 5,18). Jézus megalapította az ima megfelelő példáját számunkra, amellyel állandóan imádkoznunk kell, Isten akarata szerint, függetlenül attól, hogy milyen időben és helyen vagyunk. Imádkozott a sivatagban, hegyen, sok más helyen, és hajnalban, meg éjjel is.

Azzal, hogy állandóan imádkoztak, a hit ősatyjai Isten akarata szerint éltek. Sámuel próféta ezt mondja nekünk: *„Sőt tőlem is távol legyen, hogy az Úr ellen vétkezzem és felhagyjak az érettetek való könyörgéssel; hanem inkább tanítani foglak titeket a jó és igaz útra"* (1 Sámuel 12,23). Az ima Isten akarata és az Ő parancsolata, Sámuel azt mondja, hogy ha nem imádkozunk, bűnbe esünk.

Ha nem imádkozunk, vagy szünetet tartunk az imával, a világi gondolatok átszövik az agyunkat, amelyek megakadályozzák, hogy Isten akarata szerint éljünk, és nehézségeink lesznek, mert Isten védelme nélkül maradtunk. Ezért, amikor az emberek kísértésbe esnek, Isten ellen morognak, vagy eltávolodnak az Ő útjáról, még jobban.

Ezért az 1 Péter 5,8-9 emlékeztet bennünket: *„Józanok legyetek, vigyázzatok; mert a ti ellenségetek, az ördög, mint ordító oroszlán szerte jár, keresvén, kit elnyeljen: A kinek* álljatok ellen, erősek lévén a hitben, tudva, hogy a világban lévő atyafiságotokon ugyanazok a szenvedések telnek be." És arra biztat bennünket, hogy állandóan imádkozzunk. and Imádkozzunk, ne csak akkor, amikor gondunk van, hanem mindig, hogy Isten áldott gyermekei lehessünk, akinek minden dolga jól megy az életben.

3. A megfelelő időben betakaríthatunk

A Galateák 6,9 így szól: „*A jótéteményben pedig meg ne restüljünk, mert a maga idejében aratunk, ha el nem lankadunk.*" Ugyanez a helyzet az imával. Ha állandóan Isten akarata szerint imádkozunk, feladás nélkül, amikor eljön az ideje, betakaríthatjuk a termést.

Ha egy földműves türelmetlenné válik, és felássa a magot, amit korábban elásott, vagy nem gondozza a hajtást, és nem vár, mi lenne az értelme, hogy megpróbál betakarítani? Amíg választ kapunk az imánkra, szükség van az elkötelezettségre és kitartásra.

Sőt, a betakarítás ideje attól is függ, hogy milyen magokat vetettünk el. Vannak magok, amelyek néhány hónap alatt gyümölcsöt hoznak, de olyanok is, amelyek csak évek múlva. A zöldségeket és magokat könnyebb betakarítani, mint az almát, vagy az olyan ritka növényeket, mint a ginzeng. Az értékesebb és drágább növényekhez több idő és elkötelezettség szükséges.

Rá kell jönnöd, hogy több imára van szükség a nagyobb és komolyabb problémákhoz, amelyekért imádkozol. Amikor Dávid próféta egy víziót látott Izrael jövőjével kapcsolatban, három hétig imádkozott, böjtölt, Isten meghallotta az imáját az első napon, és egy angyalt küldött, hogy megbizonyosodjon, hogy a próféta tudott erről (Dániel 10,12). Azonban, mivel a levegő hatalmának hercege ellenállt az angyalnak huszonegy napig, az angyal az utolsó napon tudott Dánielhez jönni, és csak ekkor szerzett tudomást Dániel biztosan (Dániel 10,13-14).

Mi történt volna, ha Dániel feladta volna az imát? Bár erőt vesztett és szomorú lett, miután a látomást meglátta, Dániel továbbra is imádkozott, és végül megkapta Isten válaszát.

Ha kitartunk a hitben, és addig imádkozunk, amíg választ kapunk Tőle, Isten egy segítőt küld nekünk, és elvezet minket az Ő válaszaihoz. Ezért az angyal, aki elhozta Isten válaszait Dánielnek, ezt mondta a prófétának: *"De Persiának fejedelme ellenem állott huszonegy napig, és ímé Mihály, egyike az előkelő fejedelmeknek, eljöve segítségemre, és én ott maradék a persa királyoknál; Jöttem pedig, hogy tudtodra adjam, a mi a te népedre az utolsó időkben következik: mert a látomás azokra a napokra [szól.]"* (Dániel 10,13-14).

Milyen problémákért imádkozol? Olyan az imád, amely eléri Isten trónját? Annak érdekében, hogy megértse a víziót, amelyet Isten küldött neki, Dániel eldöntötte, hogy megalázza magát, mivel nem evett ízletes ételt, sem húst, sem bort, egyáltalán nem használt olajat, egészen három hétig (Dániel 10,3). Mivel Dániel megalázta magát három hétig, amennyit megfogadott, Isten meghallotta az imáját, és az első napon megválaszolta azt.

Itt figyelj arra, hogy míg Isten meghallotta Dániel imáját, és első nap megválaszolta azt, három hétbe került, hogy a válasza elérje Dánielt. Sok ember, amikor egy nehéz gondot észlel, egykét napig imádkozik, majd gyorsan feladja. Ez a kis hitüket mutatja.

A mai generációknak leginkább olyan szívre van szükségük, amellyel Istenben hiszünk, aki biztosan megválaszol nekünk, kitartunk, imádkozunk, függetlenül attól, hogy mikor jön Istentől válasz. Hogyan kaphatnánk választ Istentől kitartás nélkül?

Isten esőt ad az eső idején, tavasszal és ősszel, (Jeremiás 5,24), és megállapítja a betakarítás idejét. Ezért mondta ezt nekünk Jézus: *"Azért mondom néktek: A mit könyörgéstekben kértek, higyjétek, hogy mindazt megnyeritek, és meglészen néktek"* (Márk 11,24). Mivel Dániel hitt Istenben, aki megválaszolja az imát, kitartott, és nem hagyta abba az imát, amíg nem kapott választ Istentől.

A Biblia ezt mondja nekünk: *"A hit pedig a reménylett dolgoknak valósága, és a nem látott dolgokról való meggyőződés"* (Zsidók 11,1). Ha bárki feladja az imát, mert nem kapott Istentől választ, nem gondolhatja azt, hogy van hite, vagy hogy fog kapni válaszokat Istentől. Ha igaz hite van, nem fog a jelen körülményekben gondolkodni, hanem állandóan imádkozni fog, anélkül, hogy feladná. Azért, mert azt hiszi, hogy Isten, aki megengedi, hogy azt arassuk le, amit elvetettünk, és visszafizet azért, amit tettünk, biztosan megválaszol neki.

Ahogy az Efezusiak 5,7-8 tartalmazza: *"Annakokáért ne legyetek részesei ezeknek; Mert valátok régen sötétség, most pedig világosság az Úrban: mint világosságnak fiai úgy járjatok.,"* azt kívánom: mindannyiatoknak igaz hite legyen, tartsatok ki a Mindenható Istennek mondott imában, és mindent kapjatok meg, amit az imában kértek, éljetek olyan életet, amely tele van Isten áldásával, a mi Urunk Jézus Krisztus nevében imádkozom!

A szerző:
Dr. Jaerock Lee tiszteletendő

Dr. Jaerock Lee Muanban, Jeonnam Tartományban, a Koreai Köztársaságban született, 1943-ban. A húszas éveiben hét évig gyógyíthatatlan betegségekben szenvedett, és a gyógyulás reménye nélkül várta a halált. Egy napon 1974-ben azonban a nővére elvitte egy templomba, és amikor letérdelt, hogy imádkozzon, az Élő Isten az összes betegségéből kigyógyította.

Attól a pillanattól fogva, hogy e csodás tapasztalat révén Dr. Lee találkozott az Élő Istennel, teljes szívéből és őszintén szereti Istent, és 1978-ban elhivatott az Ő szolgájaként. Buzgón imádkozott, hogy megérthesse Isten akaratát, és teljesen beteljesítse azt, és Isten igéjét teljesen betartotta. 1982-ben megalapította a Manmin Központi Egyházat Szöulban, Koreában, és azóta számtalan isteni munka történt ebben a templomban, beleértve a nagyszerű gyógyulásokat és a csodákat.

1986-ban lelkéssé szentelték a Jézus Sungkyul Koreai Egyházának éves összejövetelén, és négy évvel később, 1990-ben az istentiszteleteit elkezdték közvetíteni Ausztráliában, Oroszországban, a Fülöp-szigeteken, és számos más országban, a Far East Broadcasting Company, az Asia Broadcast Station, valamint a Washington Christian Radio System közreműködésével.

Három évvel később, 1993-ban a Manmin Központi Templomot beválasztották „A világ legjobb 50 temploma" közé, a *Christian World Magazin* (Keresztény Világmagazin) által (USA), és tiszteletbeli doktori címet kapott a Christian Faith College, Florida, USA, intézménytől, és 1996-ban doktori címet is – a lelkészi tudományokban – az iowai Kingsway Theological Seminary-től, az Egyesült Államokból.

1993 óta Dr. Lee a világmisszió terén vezető szerepet vállal, külföldön az Egyesült Államokban, Tanzániában, Argentínában, Ugandában, Japánban, Pakisztánban, Kenyában, a Fülöp-szigeteken, Hondurasban, Indiában, Oroszországban, Németországban és Peruban, és 2002-ben „világszintű lelkésznek" nevezték a vezető koreai keresztény újságok, a külföldi Nagy Egyesült Missziókban kifejtett tevékenységéért.

2017 március a Manmin Központi Templom több mint 120. 000 tagot számlált, 11. 000 hazai és külföldi leányegyháza volt szerte a világon, és eddig több mint 102 misszionáriust küldött 23 országba, beleértve az Egyesült Államokat, Oroszországot, Németországot, Kanadát, Japánt, Kínát, Franciaországot, Indiát, Kenyát, és sok más országot.

A mai napig Dr. Lee 106 könyvet írt, közöttük a rekord példányszámban eladott *Az Örök Élet Megkóstolása a Halál Előtt, Életem Hitem I és II, A Kereszt Üzenete, A Hit Mértéke, A Mennyország I és II, A Pokol, Isten Hatalma,* és a munkáit több mint 76 nyelvre lefordították.

A keresztény rovatai megjelennek a *The Hankook Ilbo, The JoongAng Daily, The Dong-A Ilbo, The Chosun Ilbo, The Seoul Shinmun, The Kyunghyang Shinmun, Koreai Napi Gazdaság (The Korea Economic Daily), The Korea Herald, The Shisa News,* és a *Keresztény Sajtó (The Christian Press)* hasábjain.

Dr. Lee jelenleg több tisztséget tölt be: a Koreai Egyesült Szentség Egyház elnöke; a Global Christian Network (GCN) alapítója és igazgatótanácsának elnöke; a The World Christian Doctors Network (WCDN) alapítója és igazgatótanácsának elnöke; és a Manmin Nemzetközi Lelkészképző (MIS) alapítója és igazgatótanácsának elnöke.

Más, hasonlóan hatásos könyvek a szerzőtől:

Mennyország I & II

Egy részletes vázlat a mennyei állampolgárok dicsőséges körülményeiről, amelyet Isten dicsőségében élveznek.

A Kereszt Üzenete

Egy erőteljes ébresztő üzenet mindazoknak, akik spirituálisan alszanak. Ebben a könyvben megtalálod Isten igaz szeretetét, valamint megtudod: miért Jézus az egyedüli Megmentő?

Pokol

Egy őszinte üzenet az emberiségnek Istentől, aki azt kívánja, hogy egyetlen lélek se hulljon a pokol mélységeibe! Felfedezheted Hadész soha fel nem tárt képét, valamint a pokol kegyetlen valóságát.

Szellem, Lélek és Test I & II

Egy kézikönyv, mely segíti spirituális megértést a lélekkel, szellemmel, testtel kapcsolatban, és segít megtalálni, hogy milyen „énünk" van, hogy erőt nyerjünk, mellyel a sötétséget legyőzhessük, és a szellem emberévé váljunk.

A Hit Mértéke

Milyen mennyei helyet, és milyen koronákat és jutalmakat készítenek elő a számodra a mennyekben? Ez a könyv ellát bölcsességgel és útmutatással téged, hogy megmérhesd a hited, valamint a legjobb és a legérettebb hitet gyakorolhasd.

Ébredj Izrael!

Miért tartotta Isten a szemét a világ végétől máig Izraelen? Milyen gondviselést tartogat Izrael számára – akik ma is a Messiást várják – az utolsó napokra?

Életem, Hitem I & II

Dr. Jaerock Lee önéletrajza a legkellemesebb spirituális aromát nyújtja az olvasó számára, az élete az Isten iránti szeretet által kezdett virágozni, miután sötét hullámok, hideg járom jutott számára, valamint a legmélyebb elkeseredés.

Isten Hatalma

Egy kihagyhatatlan olvasmány, egy alapvető útmutató az igaz hit eléréséhez, és Isten csodáinak megtapasztalásához.

www.urimbooks.com

www.ingramcontent.com/pod-product-compliance
Lightning Source LLC
LaVergne TN
LVHW041709060526
838201LV00043B/647